日本語能力試験

JLPT 공식 문제집 Ver2.0 N5

日本語能力試驗

JLPT 공식문제집 N5
Ver2.0

초판 1쇄 발행 2025년 7월 18일

지은이 국제교류기금·일본국제교육지원협회 문제제공
펴낸곳 (주)에스제이더블유인터내셔널
펴낸이 양홍걸 이시원

홈페이지 japan.siwonschool.com
주소 서울시 영등포구 영신로 166 시원스쿨
교재 구입 문의 02)2014-8151
고객센터 02)6409-0878

ISBN 979-11-6150-535-0 13730
Number 1-311111-26269920-06

이 책은 저작권법에 따라 보호받는 저작물이므로 무단복제와 무단전재를 금합니다. 이 책 내용의 전부 또는 일부를 이용하려면 반드시 저작권자와 ㈜에스제이더블유인터내셔널의 서면 동의를 받아야 합니다.

©2018 The Japan Foundation, and Japan Educational Exchanges and Services

목차

- JLPT(일본어 능력 시험)는 무엇일까요? ... 04
- JLPT(일본어 능력 시험) 인정 기준 ... 08
- JLPT(일본어 능력 시험) 시험 과목과 문제 구성 ... 09
- JLPT(일본어 능력 시험) 득점 구분과 결과 판정 ... 10
- JLPT N5 시험 접수 및 결과 확인 ... 11

- 이 책의 구성과 특징 ... 12

- 모의고사편(1회분) ... 13
- 정답 및 해설편 ... 61

부가자료
- 청해 워크북 ... 119

JLPT(일본어 능력 시험)는 무엇일까요?

✓ JLPT(일본어 능력 시험)의 목적과 주최

JLPT(日本語能力試験 : 일본어 능력 시험)은 일본어를 모국어로 하지 않는 사람들의 일본어 능력을 측정, 인정하는 것을 목적으로 하여, 1984년에 국제교류기금과 현·일본국제교육지원협회가 개시하였다.

✓ JLPT(일본어 능력 시험) 실시국 수와 연간 실시 횟수

JLPT는 1984년 초년도에는 전세계에서 약 7,000명이 응시하였으나, 2024년에는 96개의 나라·지역에서 1,470,989명이 응시하는 시험이 되었다.

▷ 일본어 능력시험 응시자 수 추이

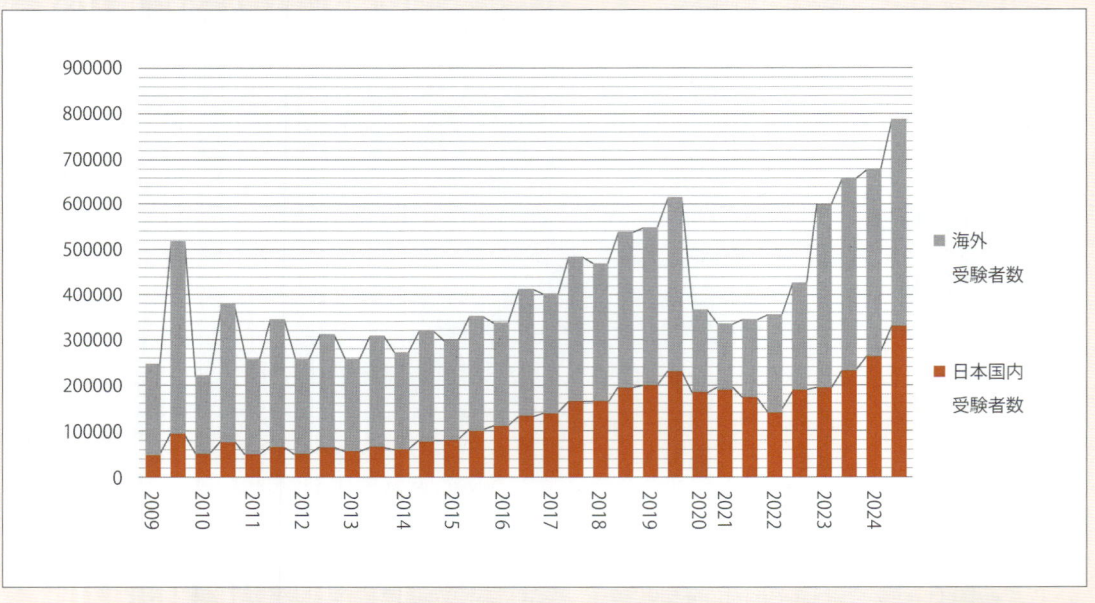

(자료 출처 : JLPT 홈페이지 통계 데이터에서)

✅ JLPT(일본어 능력 시험)의 장점

1 일본 출입국 관리상 우대 조치를 받기 위한 포인트 부여

'고도 인재에 대한 포인트 제도에 의한 출입국 관리상 우대조치'에 있어서 JLPT N1 합격자는 15점, N2 합격자는 10점의 가산점을 받을 수 있습니다. 출입국 포인트 합계가 70점 이상일 경우, 출입국 관리상 우대조치를 받을 수 있다.

2 일본 국가시험 수험 시 조건 중 하나

외국인이 일본 국가시험을 수험하는 조건 중 하나로, JLPT N1이 필요합니다. JLPT N1 인증이 필요한 일본의 국가시험은 의사 국가시험 등 20여개에 다다른다.

3 일본 준간호사 시험 수험을 위한 조건

해외에서 간호사학교 양성소를 졸업한 사람이 일본 준간호사 시험을 수험하기 위해서는 JLPT N1 인정이 필요하다.

4 일본 중학교 졸업정도 인정 시험에서 일부 시험과목 면제

외국 국적인 수험생의 경우, JLPT(일본어 능력시험) N1이나 N2 합격자는 일본어 시험이 면제된다.

5 EPA(경제연계협정)를 토대로 하는 간호사, 개호복지사 후보자 선정 조건 중 하나

EPA(경제연계협정)를 토대로 인도네시아, 필리핀, 베트남의 간호사, 개호복지사 후보자는 JLPT N5(필리핀)와 N4(인도네시아), N3(베트남) 이상의 인정이 필요하다.

JLPT(일본어 능력 시험) 4개의 특징

point 1
'과제 수행'을 위한 언어 커뮤니케이션 능력을 측정

JLPT는 일본어의 단어나 문법을 얼마나 알고 있는가, 뿐만이 아니라 커뮤니케이션에서 알고 있는 지식을 이용하여 과제를 수행할 수 있는가를 중요시하고 있다.

우리들이 생활 속에서 행하고 있는 다양한 '과제' 중에서 언어를 필요로 하는 것을 수행하려면, 언어지식 뿐만이 아니고, 그것을 실제로 이용하는 힘이 필요하기 때문이다. 따라서, JLPT(일본어 능력 시험)에서는 '언어지식'을 측정하기 위한 독해와 청해라는 요소를 시험에 더해, 종합적인 일본어 커뮤니케이션 능력을 측정하고 있다.

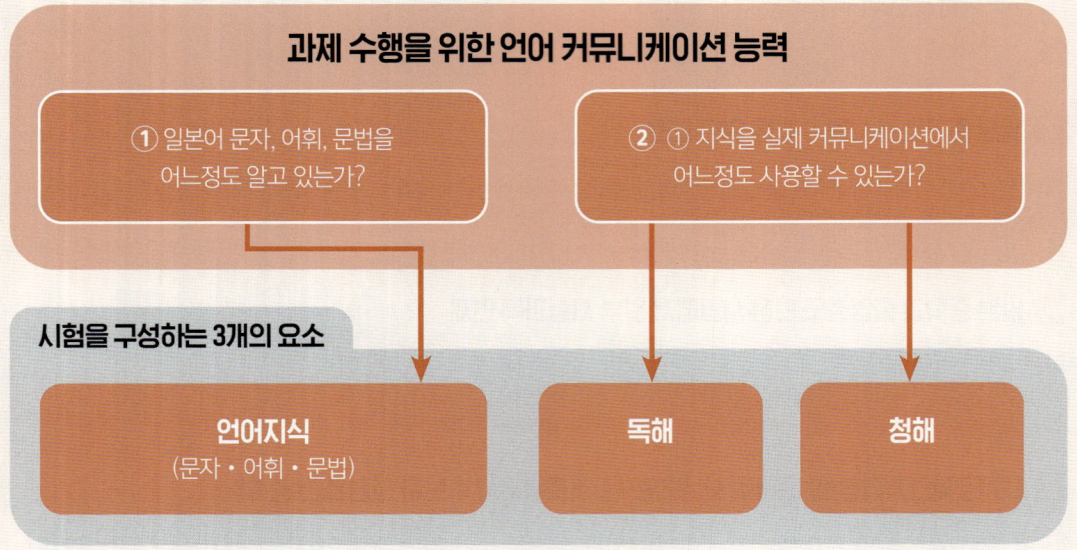

point 2
'5개'의 레벨에서 자신에게 맞는 레벨을 선택

JLPT에는 5단계(N1, N2, N3, N4, N5) 레벨이 있다. 가능한 정확하게 일본어 능력을 측정하기 위해, 시험 문제도 레벨별로 다르게 만들어져 있다.

point 3
'척도 득점'으로 일본어 능력을 보다 정확하게 측정

다른 시기에 실시되는 시험의 난이도를 완전히 동일하게 유지하는 것은, 시험 문제 작성 시에 전문가가 면밀하게 분석·검토하는 과정을 거쳐도 상당히 곤란하다. 그래서, 단순히 문제의 배점을 계산하여 더해가는 방식을 이용할 경우, 동일한 학습자라도 시험 때마다 다른 점수가 나올 가능성이 발생한다. 이러한 문제점에 대해, 보다 공평하게 대응하기 위해 공통의 척도를 토대로 표시한 '척도 득점'을 이용하는 것으로, 항상 동일한 기준 하에서 일본어 능력을 측정하고 있다.

point 4
전문가와 합격자의 평가에 의한 'Can-do 리스트' 제공

JLPT 시험으로 무엇을 할 수 있는지 알기 어렵다. 그래서, JLPT 시험 결과를 해석하기 위한 참고 자료로서 '일본어 능력 시험 합격자와 전문가의 평가에 의한 레벨별 Can-do리스트'를 제공하고 있다. 이 리스트는 2010년과 2011년 일본어 능력 시험 응시자, 약 65,000명을 대상으로 "일본어로 어떠한 것을 할 수 있다고 생각하는가?"에 관한 설문 조사를 실시하여 그 결과를 통계적으로 분석한 데이터로 작성하였으며, "합격자가 일본어를 사용해서 어떤 것을 할 수 있는가?"라는 이미지를 만들기 위한 참고 자료로 활용할 수 있다.

▷ Can-do 리스트 '듣는다' 예시

		N1	N2	N3	N4	N5
1	政治や経済などについてのテレビのニュースを見て、要点が理解できる。					
2	最近メディアで話題になっていることについての会話で、だいたいの内容が理解できる。					
3	フォーマルな場(例：歓迎会)でのスピーチを聞いて、だいたいの内容が理解できる。					
4	思いがけない出来事(例：事故など)についてのアナウンスを聞いてだいたい理解できる。					
5	仕事や専門に関する問い合わせを聞いて、内容が理解できる。					
6	関心あるテーマの講義や講演を聞いて、だいたいの内容が理解できる。					

JLPT(일본어 능력 시험) 인정 기준

JLPT(일본어 능력 시험)은 N1, N2, N3, N4, N5 총 5개의 레벨이 있으며, 제일 어려운 시험은 N1, 제일 쉬운 시험이 N5이다.

각 레벨의 인정 기준은 [읽는 것] [듣는 것]이라는 언어행동으로 나타낸다. [읽는 것]에는 문자 어휘, 문법 등의 언어지식과 독해가 필요하다.

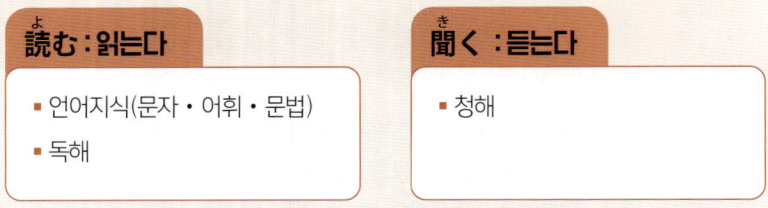

JLPT(일본어 능력 시험) N1~N5의 인정 기준은 다음과 같다.

N5	기본적인 일본어를 어느 정도 이해할 수 있다.
読む	▷ 히라가나와 가타카나, 일상생활에서 사용되는 기본적인 한자로 쓰여진 정형적인 어구나 문장을 읽고 이해할 수 있다.
聞く	▷ 교실이나, 주변 등, 일상 생활 속에서 자주 만나는 장면에서, 천천히 이야기 하는 짧은 대화라면, 필요한 정보를 들을 수 있다.
N1	폭 넓은 장면에서 사용되는 일본어를 이해할 수 있다.
N2	일상 적인 장면에서 사용되는 일본어의 이해에 더해, 보다 폭 넓은 장면에서 사용되는 일본어를 어느 정도 이해할 수 있다.
N3	일상적인 장면에서 사용되는 일본어를 어느 정도 이해할 수 있다.
N4	기본적인 일본어를 이해할 수 있다.

JLPT(일본어 능력 시험) 시험 과목과 문제 구성

JLPT(일본어 능력시험) 과목은 크게 언어지식과 청해로 나뉘며, 시험 과목과 시험 시간은 다음과 같다.

레벨	시험 과목<시험 시간>		
N1	언어지식(문자, 어휘, 문법)·독해 <110분>		청해 <55분>
N2	언어지식(문자, 어휘, 문법)·독해 <105분>		청해 <50분>
N3	언어지식(문자, 어휘) <30분>	언어지식(문법)·독해 <70분>	청해 <40분>
N4	언어지식(문자, 어휘) <25분>	언어지식(문법)·독해 <55분>	청해 <35분>
N5	언어지식(문자, 어휘) <20분>	언어지식(문법)·독해 <40분>	청해 <30분>

※ 시험 시간은 변경될 수 있으며, <청해>는 시험 문제 녹음 길이에 따라 시험 시간이 다소 바뀐다.

JLPT(일본어 능력시험) N5의 문제 구성은 다음과 같다.

언어지식 독해	문자·어휘	한자 읽기	0~60점
		표기	
		문맥 규정	
		유의어	
	문법	문법 형식의 판단	0~60점
		문장 만들기	
		글의 문법	
	독해	내용 이해(단문)	
		내용 이해(중문)	
		정보 검색	
청해		과제 이해	0~60점
		포인트 이해	
		발화 표현	
		즉시 응답	

JLPT(일본어 능력 시험) 득점 구분과 결과 판정

✓ 득점 구분

시험 결과는 득점 구분과 득점 범위에 따라 결정됩니다. N5의 득점 구분은 언어지식(문자·어휘), 언어지식(문법)·독해, 청해의 3구분입니다.

레벨	득점 구분	득점 범위
N5	언어지식(문자·어휘·문법)	0~60
	언어지식(문법)·독해	0~60
	청해	0~60
	종합 득점	0~180

✓ 결과 판정

합격하려면, ① 종합 득점이 합격에 필요한 점수(합격점) 이상일 것, ② 각 득점 구분 득점이 구분마다 설정되어 있는 합격에 필요한 점수(기준점) 이상일 것, 이라는 2가지가 필요하다. 이 중 하나라도 기준점에 달하지 않는 득점 구분이 있는 경우에는 아무리 종합 점수가 높아도 불합격으로 판정된다.

또한, 3개의 득점 구분 중, 하나라도 수험하지 않은 과목이 있는 경우에는 불합격 판정된다.

✓ 결과 통지

레벨 별로 합격과 불합격을 판정하여, 합격자에게는 일본어능력인정서를 발송한다. 2005년 이후에 일본 국내 시험에서 합격한 사람과, 2012년 이후에 한국, 대만, 중국에서 시험을 본 합격자의 인증서에는 사진이 게재되어 있다. 또한, 일본 국내에서 시험을 본 경우에는 합격 불합격 통지서를 발송하며, 일본 이외의 해외에서 시험을 본 경우에는 2014년부터 합격 불합격 통지서 대신에, 전원이 일본어 능력시험 인정 결과 및 성적에 관한 증명서를 받을 수 있다.

✅ JLPT N5 시험 접수 및 결과 확인

▪ JLPT 시험 실시 지역

서울권	서울, 인천, 수원, 성남, 안양, 고양, 부천, 천안, 청주, 대전, 전주, 광주, 춘천, 원주
부산권	부산, 김해, 대구, 구미, 창원, 진주, 울산, 포항
제주권	제주

▪ 접수 기간 및 시험일, 성적 발표 일정

	접수 기간	시험일	성적 발표
해당 연도 1회 시험	4월 초	7월 첫 번째 일요일	8월 말
해당 연도 2회 시험	9월 초	12월 첫 번째 일요일	(다음 해) 1월 말

※ 일반 접수 기간이 끝난 후, 추가 접수 기간이 있다(변동 가능성 있음).

▪ 접수 방법

① 온라인 접수 : JLPT 한국 홈페이지(https://www.jlpt.or.kr/html/intro.html)에서 접수한다.
② 우편 접수 : 우편접수 신청서(JLPT 한국 홈페이지에서 서식 다운)에 기입 후, 증명사진 1매, 수험료와 함께 등기 우편으로 발송한다(단, 수험장 선택 불가).
※ 추가 접수는 온라인 접수만 가능하다.

▪ 접수 준비물

사진(여권사진 규격 3.5*4.5cm) 1매, 수험료

▪ 시험 준비물

수험표(온라인 접수자는 홈페이지에서 직접 출력), 규정 신분증, 필기구, 시계

▪ 시험 시간 (2025년부터 시험 시간 변경)

① N1, N2 : 9:40분까지 입실
② N3, N4, N5 : 13:40분까지 입실

▪ 결과 확인

① JLPT 한국 홈페이지에서 직접 확인(1회 시험은 8월말, 2회 시험은 다음 해 1월 말)
② 우편으로 수령 : 1회 시험은 10월초, 2회 시험은 다음 해 3월 초에 성적 증명서가 발송된다.

이 책의 구성과 특징

문제

❶ 시험 전 준비물 체크

실제 시험과 같은 환경에서 응시할 수 있도록,
해답 용지와 필기도구, 청해 음성 등
테스트 전 필요한 것을 점검할 수 있도록 하였습니다.

**❷ 다양한 청해 MP3 파일로
 실전 감각 끌어 올리기**

기본 버전, 고사장 소음 버전, 1.2배속 버전의
다양한 무료 MP3를 제공합니다. 복습에도 활용해 주
세요.

해설

❸ 친절하고 자세한 해설집 수록

모든 문제에 상세하고 전략적인 해설과
오답의 근거까지 제시하여 확실하게 이해하고 넘어
갈 수 있습니다.

청해 워크북

❹ 고득점이 보이는 청해 워크북

실력 향상을 위한 청해 워크북을 제공합니다.
반복적인 훈련을 통해 고득점에 대비할 수 있습니다.

JLPT 공식 문제집 Ver2.0
N5 모의고사
문제집

- **1교시** 언어지식(문자·어휘)
- **2교시** 언어지식(문법)·독해
- **3교시** 청해

테스트 전 확인 사항

☐ 해답 용지 준비하셨나요?   ☐ 연필과 지우개 챙기셨나요?   ☐ 청해 음성 들을 준비하셨나요?

청해 일반 버전 전체 음성 MP3   청해 고사장 버전 전체 음성 MP3   청해 배속 버전 전체 음성 MP3

MP3 음원은 시원스쿨 홈페이지(Japan.siwonschool.com) > 학습지원센터 > 공부 자료실에서도 무료 다운로드 가능합니다.

시험 시간: 1교시 25분 | 2교시 50분 | 3교시 30분

| 목표 점수: | 점 |
| 시작 시간: | 시   분 ~ 종료 시간: 시   분 |

Language Knowledge (Vocabulary) もんだいようし

N5

げんごちしき（もじ・ごい）
（25ふん）

ちゅうい
Notes

1. しけんが はじまるまで、この もんだいようしを あけないで ください。
   Do not open this question booklet until the test begins.

2. この もんだいようしを もって かえる ことは できません。
   Do not take this question booklet with you after the test.

3. じゅけんばんごうと なまえを したの らんに、じゅけんひょうと おなじように かいて ください。
   Write your examinee registration number and name clearly in each box below as written on your test voucher.

4. この もんだいようしは、ぜんぶで 8ページ あります。
   This question booklet has 8 pages.

5. もんだいには かいとうばんごうの 1、2、3 … が あります。かいとうは、かいとうようしに ある おなじ ばんごうの ところに マークして ください。
   One of the row numbers 1, 2, 3 … is given for each question. Mark your answer in the same row of the answer sheet.

じゅけんばんごう　Examinee Registration Number

なまえ　Name

もんだい 1　＿＿＿の　ことばは　ひらがなで　どう　かきますか。1・2・3・4
から　いちばん　いい　ものを　ひとつ　えらんで　ください。

（れい）　しゃしんは　かばんの　下に　ありました。

　　　　1　ちだ　　　　2　しだ　　　　3　ちた　　　　4　した

（かいようようし）　（れい）　① ② ③ ●

1　あしたは　雨ですか。

　　1　ゆき　　　　2　はれ　　　　3　くもり　　　　4　あめ

2　きょうしつで　書いて　ください。

　　1　かいて　　　2　きいて　　　3　はいて　　　　4　ひいて

3　しゃしんは　はこの　中に　あります。

　　1　そば　　　　2　そと　　　　3　なか　　　　　4　よこ

4　この　いすは　小さいです。

　　1　ちいさい　　2　ちさい　　　3　しいさい　　　4　しさい

5　あしたは　火よう日です。

　　1　どようび　　　　　　　　　2　すいようび
　　3　かようび　　　　　　　　　4　にちようび

6　きれいな　空ですね。

　　1　いえ　　　　2　うみ　　　　3　にわ　　　　　4　そら

7 せいとは 百人 います。
   1 ひゃくにん 2 びゃくにん
   3 ひゃくじん 4 びゃくじん

8 魚が たくさん いますよ。
   1 ねこ   2 とり   3 いぬ   4 さかな

9 パンを 半分 ともだちに あげました。
   1 はんふん 2 はんぶん 3 ほんぶん 4 ほんふん

10 ぎんこうと スーパーの 間に ほそい みちが あります。
   1 あいた   2 となり   3 あいだ   4 どなり

11 たまごを 三つ とって ください。
   1 いつつ   2 みっつ   3 さんつ   4 ごつ

12 きょうは 元気が いいですね。
   1 けんき   2 げんき   3 でんき   4 てんき

もんだい2 ＿＿＿の ことばは どう かきますか。1・2・3・4から いちばん いい ものを ひとつ えらんで ください。

（れい） この みちは くるまが おおいです。

　　　　1　運　　　　2　里　　　　3　車　　　　4　軍

　　　　　　（かいようようし）　（れい）　①　②　●　④

---

[13] この わいしゃつを ください。

　　1　ウイシャソ　　　　　　2　ウイシャツ
　　3　ワイシャソ　　　　　　4　ワイシャツ

[14] わたしの くには かわが おおいです。

　　1　花　　　2　山　　　3　川　　　4　木

[15] ヤンさんの がっこうは どこですか。

　　1　宇校　　2　学校　　3　宇枚　　4　学枚

[16] この ざっしを みて ください。

　　1　見て　　2　買て　　3　貝て　　4　目て

[17] この カメラは たかいですね。

　　1　高い　　2　安い　　3　古い　　4　新い

[18] きのうは かいしゃを やすみました。

　　1　公仕　　2　公社　　3　会仕　　4　会社

言語知識(文字・語彙) − 4

[19] まだ いわないで ください。

1 行わないで　　　　　　2 立わないで
3 言わないで　　　　　　4 食わないで

[20] らいげつ けっこんします。

1 今月　　　2 来月　　　3 来週　　　4 今週

もんだい3　(　　)に なにが はいりますか。1・2・3・4から いちばん いい ものを ひとつ えらんで ください。

(れい) あそこで タクシーに (　　)。

1　のりました　　　　　2　あがりました
3　つきました　　　　　4　はいりました

(かいようようし)　(れい)　● ② ③ ④

21　わたしの へやは この アパートの 2 (　　) です。

1　ほん　　2　さつ　　3　だい　　4　かい

22　その ナイフで りんごを (　　) ください。

1　おきて　　2　つけて　　3　しめて　　4　きって

23　(　　) を わすれましたから、じかんが わかりません。

1　じしょ　　2　ちず　　3　とけい　　4　さいふ

24　わたしの うちは えきに ちかいですから、(　　) です。

1　べんり　　2　じょうぶ　　3　いっぱい　　4　へた

25　なつやすみは まいにち (　　) で およぎました。

1　レストラン　　2　プール　　3　エレベーター　　4　ビル

26　しらない ことばが ありましたから、せんせいに (　　) しました。

1　しつもん　　　　　2　べんきょう
3　れんしゅう　　　　4　じゅぎょう

27 この へやは あついですから、（　　）を あけましょう。

1　おふろ　　　2　まど　　　3　エアコン　　　4　テーブル

28 きのうは がっこうで たくさん かんじを （　　）。

1　うりました　　　　　2　もちました
3　おぼえました　　　　4　こまりました

29 この コーヒーは、さとうを たくさん いれましたから、（　　）です。

1　わかい　　　2　くろい　　　3　まるい　　　4　あまい

30 つよい かぜが （　　） います。

1　ふいて　　　2　いそいで　　　3　とんで　　　4　はしって

もんだい４ _____の　ぶんと　だいたい　おなじ　いみの　ぶんが　あります。
１・２・３・４から　いちばん　いい　ものを　ひとつ　えらんで　ください。

（れい）　ゆうべ　しゅくだいを　しました。

1　おとといの　あさ　しゅくだいを　しました。
2　おとといの　よる　しゅくだいを　しました。
3　きのうの　あさ　しゅくだいを　しました。
4　きのうの　よる　しゅくだいを　しました。

（かいようようし）　（れい）　①　②　③　●

31　これは　りょうしんの　しゃしんです。

1　これは　そふと　そぼの　しゃしんです。
2　これは　ちちと　ははの　しゃしんです。
3　これは　あにと　おとうとの　しゃしんです。
4　これは　あねと　いもうとの　しゃしんです。

32　この　ダンスは　やさしいです。

1　この　ダンスは　かんたんです。
2　この　ダンスは　たいへんです。
3　この　ダンスは　たのしいです。
4　この　ダンスは　つまらないです。

[33] ふくを　せんたくしました。

　　1　ふくを　ぬぎました。
　　2　ふくを　わたしました。
　　3　ふくを　あらいました。
　　4　ふくを　きました。

[34] この　へやは　くらいですね。

　　1　この　へやは　あかるいですね。
　　2　この　へやは　あかるくないですね。
　　3　この　へやは　しずかじゃないですね。
　　4　この　へやは　しずかですね。

[35] リーさんは　もりさんに　ペンを　かしました。

　　1　リーさんは　もりさんに　ペンを　もらいました。
　　2　もりさんは　リーさんに　ペンを　もらいました。
　　3　リーさんは　もりさんに　ペンを　かりました。
　　4　もりさんは　リーさんに　ペンを　かりました。

Language Knowledge (Grammar)・Reading

問題用紙
もんだいようし

N5

言語知識（文法）・読解
げんごちしき　ぶんぽう　　　どっかい

(50ぷん)

注意 Notes
ちゅうい

1. 試験が始まるまで、この問題用紙をあけないでください。
   しけん　はじ　　　　　　もんだいようし
   Do not open this question booklet until the test begins.

2. この問題用紙を持ってかえることはできません。
   もんだいようし　も
   Do not take this question booklet with you after the test.

3. 受験番号となまえをしたの欄に、受験票と同じようにかいてください。
   じゅけんばんごう　　　　　　　　らん　じゅけんひょう　おな
   Write your examinee registration number and name clearly in each box below as written on your test voucher.

4. この問題用紙は、全部で 15 ページあります。
   もんだいようし　ぜんぶ
   This question booklet has 15 pages.

5. 問題には解答番号の 1、2、3 … があります。
   もんだい　かいとうばんごう
   解答は、解答用紙にあるおなじ番号のところにマークしてください。
   かいとう　かいとうようし　　　　　　　ばんごう
   One of the row numbers 1, 2, 3 … is given for each question. Mark your answer in the same row of the answer sheet.

受験番号　Examinee Registration Number
じゅけんばんごう

名前　Name
なまえ

言語知識(文法)・読解 — 1

もんだい1 （　）に 何を 入れますか。 1・2・3・4から いちばん いい ものを 一つ えらんで ください。

（れい） これ （　） えんぴつです。

　　　　1　に　　　2　を　　　3　は　　　4　や

　　　　（かいようようし）　（れい）　① ② ● ④

1　私は あしたの ひこうき （　） 国へ 帰ります。

　　1　に　　　2　で　　　3　か　　　4　を

2　先週 デパートで かばん （　） くつなどを 買いました。

　　1　は　　　2　も　　　3　へ　　　4　や

3　私は 毎朝 7時ごろ 家 （　） 出ます。

　　1　を　　　2　と　　　3　が　　　4　で

4　きのう スーパーで 田中さん （　） 会いました。

　　1　を　　　2　の　　　3　で　　　4　に

5　私の うちの ほんだなは、きょねん 父 （　） 作りました。

　　1　や　　　2　が　　　3　を　　　4　で

6　今日 やおやで りんごを 買いました。 五つ （　） 300円でした。

　　1　に　　　2　と　　　3　で　　　4　や

7 きのう（　　）少し 寒かったですが、今日（　　）寒くないです。

1　は／は　　　2　に／に　　　3　も／も　　　4　を／を

8 南町は、海が きれい（　　）、静かです。

1　も　　　　　2　や　　　　　3　で　　　　　4　と

9 前川「林さん、（　　）に ある カメラは 林さんのですか。」
   林　「いいえ。田中さんのですよ。」

1　そこ　　　　2　どこ　　　　3　その　　　　4　どの

10 A「先週 はじめて スキーを しました。」
    B「そうですか。（　　）でしたか。」
    A「とても 楽しかったです。」

1　いくつ　　　2　いかが　　　3　どなた　　　4　どちら

11 森　「ケンさん、大学の じゅぎょうは 始まりましたか。」
    ケン「いいえ、（　　）です。来週 始まります。」

1　よく　　　　2　もう　　　　3　ちょっと　　4　まだ

12 （びょういんで）
    いしゃ「今日から 一週間 薬を 飲んで、来週の 月曜日に（　　）来て ください。」

1　たくさん　　2　あまり　　　3　また　　　　4　だんだん

13 父は 毎朝 コーヒーを（　　）ながら 新聞を 読みます。

1　飲む　　　　2　飲み　　　　3　飲んで　　　4　飲んだ

14 私は 小さいとき、なっとうが 好き （　　　） でした。

1　ない　　　　　　　　　　　2　じゃない
3　ありません　　　　　　　　4　じゃありません

15 (ケーキ屋で)
店の 人「いらっしゃいませ。」
山下　「すみません、 いちごの ケーキを 二つ （　　　）。」
店の 人「はい。ありがとうございます。800円です。」

1　ありますか　　　　　　　　2　どうぞ
3　ください　　　　　　　　　4　ほしいですか

16 リー「日曜日に、 私の 家で アンさんと べんきょうを します。キムさんも
　　　（　　　）。」
キム「あ、行きたいです。」

1　来ませんか　　　　　　　　2　来て いますか
3　来ませんでしたか　　　　　4　来て いましたか

言語知識(文法)・読解 — 4

もんだい2　　★　に　入る　ものは　どれですか。1・2・3・4から　いちばん　いい　ものを　一つ　えらんで　ください。

(もんだいれい)

A　「＿＿＿＿　＿＿＿＿　★　＿＿＿＿　か。」
B　「山田さんです。」

　　1　です　　　　2　は　　　　3　あの　人　　　　4　だれ

(こたえかた)

1. ただしい　文を　つくります。

A　「＿＿＿＿　＿＿＿＿　★　＿＿＿＿　か。」 3　あの　人　2　は　4　だれ　1　です B　「山田さんです。」

2. ★　に　入る　ばんごうを　くろく　ぬります。

(解答用紙)　| (れい)　① ② ③ ● |

17　(タクシーの　中で)

A　「すみません、　つぎの　＿＿＿＿　★　＿＿＿＿　＿＿＿＿　まがって　ください。」
B　「はい、わかりました。」

　　1　に　　　　2　しんごう　　　　3　右　　　　4　を

18 私は 日曜日に 兄 ＿＿ ＿＿ ★ ＿＿ 出かけました。

　1　の　　　　2　と　　　　3　子ども　　　4　いっしょに

19 きのう 買った おかしは ＿＿ ＿＿ ★ ＿＿ でした。

　1　色　　　　2　きれい　　3　が　　　　　4　まるくて

20 駅の ＿＿ ＿＿ ★ ＿＿ で ざっしを 買いました。

　1　に　　　　2　ある　　　3　近く　　　　4　本屋

21 先週 ＿＿ ＿＿ ★ ＿＿ の こうちゃは とても おいしかったです。

　1　もらった　2　ともだち　3　外国　　　　4　に

もんだい3 　22　から、　26　に 何を 入れますか。ぶんしょうの いみを かんがえて、1・2・3・4から いちばん いい ものを 一つ えらんで ください。

　ニンさんと メイさんは 「私の好きな飲み物」の さくぶんを 書いて、クラスの みんなの 前で 読みます。

(1) ニンさんの さくぶん

　私の 好きな 飲み物は くだものの ジュースです。大好きな ジュースは すいかジュースです。 私の 国では いろいろな 店に あります。　22　、日本では 売って いる 店を 知りません。日本で 好きな ジュースは りんごジュースです。 毎日 飲みます。
　みなさんは 何の ジュースが 好きですか。好きな ジュースを　23　。

(2) メイさんの さくぶん

　私は きっさてんで 飲む コーヒーが 大好きです。先週も きっさてんで おいしい コーヒーを 飲みました。
　先週の 土曜日は いい 天気でした。昼に 買い物を してから、きっさてんに　24　。名前は 「はな」です。「はな」　25　コーヒーは 安かったです。 私は 2はい 飲みました。 来週も 「はな」に コーヒーを　26　。

22

1　だから　　　2　でも　　　3　いつも　　　4　もっと

23

1　教えて ください　　　2　教えたいです
3　教えますよ　　　　　4　教えて います

24

1　入るからです　　　2　入ったからです
3　入ります　　　　　4　入りました

25

1　から　　　2　と　　　3　の　　　4　より

26

1　飲んで 行きます　　　2　飲んで 来ます
3　飲みに 行きます　　　4　飲みに 来ます

もんだい 4　つぎの (1)から (3)の ぶんしょうを 読んで、 しつもんに こたえて ください。 こたえは、1・2・3・4から いちばん いい ものを 一つ えらんで ください。

（1）

　わたしは 毎朝 ご飯と なっとうか、パンと たまごを 食べて、学校へ 行きます。でも、けさは なにも 食べませんでした。バナナを 学校へ 持っていきました。起きた 時間が おそかったからです。

27　けさ 「わたし」は 学校へ 行く 前に、何を 食べましたか。

1　ご飯と なっとうを 食べました。
2　パンと たまごを 食べました。
3　なにも 食べませんでした。
4　バナナを 食べました。

(2)

(大学で)
学生が この 紙を 見ました。

「日本語１」と 「日本語２」の クラスの みなさんへ

　今日 出川先生は お昼まで お休みです。午前の 「日本語１」のクラスに ありません。午後の 「日本語２」の クラスは あります。

・「日本語１」の しゅくだいは 来週 出して ください。

２０１６年１２月２日　高見大学

---

[28] 大学は 「日本語１」の クラスの 学生に 何が 言いたいですか。

1　今日 クラスは あります。しゅくだいは 午後 出して ください。
2　今日 クラスは ありません。しゅくだいは 来週 出して ください。
3　今日 クラスが ありますが、しゅくだいは 来週 出して ください。
4　今日 クラスが ありますから、しゅくだいを 出して ください。

(3)

（会社で）
ボゴさんの 机の 上に、 この メモと にもつが あります。

ボコさん

　１０時ごろ　ゆうびんきょくの　人が　この　にもつを　とりに　来ますから、にもつと　お金を　わたして　ください。お金は　中西さんが　持って　います。ゆうびんきょくの　人が　来る　前に　もらいに　行って　ください。
　よろしく　おねがいします。

多田
１１月３０日　９：３０

|29| この メモを 読んで、ボコさんは はじめに 何を しますか。

1　中西さんに　お金を　もらいます。
2　中西さんに　にもつと　お金を　わたします。
3　ゆうびんきょくの　人に　にもつを　もらいます。
4　ゆうびんきょくの　人に　にもつと　お金を　わたします。

もんだい5　つぎの　ぶんしょうを　読んで、しつもんに　こたえて　ください。
こたえは、1・2・3・4から　いちばん　いい　ものを　一つ　えらんで　ください。

これは　チンさんが　書いた　さくぶんです。

まちがえました

チン・シュン

　わたしは　きのうの　日曜日、友だちと　サッカーを　しました。朝から　ゆうがたまで　しましたから、とても　つかれました。ゆうべは　ばんご飯を　食べた　あとで、すぐに　ねました。ですから、今日の　かんじテストの　べんきょうが　できませんでした。

　<u>けさは　5時に　起きました</u>。シャワーを　あびて、朝ご飯を　食べました。それから、すぐ　かんじの　テキストの　41ページから　60ページまで　べんきょう　しました。それから　学校へ　行きました。とても　いそがしい　朝でした。
①

　しかし、きょうしつで　かんじを　べんきょうしている　人は　いませんでした。<u>まちがえました</u>。テストは　今日ではなくて、あしたでした。
②

[31] どうして ①けさは 5時に 起きましたか。

1 朝から ゆうがたまで サッカーを したかったから
2 かんじテストの べんきょうが したかったから
3 シャワーを あびて、朝ご飯を 食べたかったから
4 学校へ 行って、べんきょうが したかったから

[31] チンさんは 何を ②まちがえましたか。

1 かんじの テキスト
2 かんじの テキストの ページ
3 かんじの テストが ある 日
4 かんじの テストを する きょうしつ

もんだい6　右の　ページを　見て、下の　しつもんに　こたえて　ください。
　　　　　こたえは、1・2・3・4から、いちばん　いい　ものを　一つ
　　　　　えらんで　ください。

34　パブロさんは　高木大学に　行きたいです。花田駅か　糸川駅から　乗ります。駅から　大学まで　かかる　お金は　500円までで、時間は　みじかいほうが　いいです。パブロさんは　どの　行き方で　行きますか。

1　①
2　②
3　③
4　④

高木大学

高木大学に 来たい 人へ

---

① かかる 時間：46分　　かかる お金：300円

| 寺西駅 バスてい 1ばん | — バス 45分 — | バスてい 「高木大学前」 | — 歩く 1分 — | 高木大学 |

---

② かかる 時間：30分　　かかる お金：550円

| 花田駅 | — 電車 25分 — | 水村駅 | — 歩く 5分 — | 高木大学 |

---

③ かかる 時間：40分　　かかる お金：450円

| 花田駅 | — ちかてつ 30分 — | 木山駅 | — 歩く 10分 — | 高木大学 |

---

④ かかる 時間：35分　　かかる お金：430円

| 糸川駅 | — 電車 25分 — | 木山駅 | — 歩く 10分 — | 高木大学 |

Listening

もんだいようし
問題用紙

N5

ちょうかい
聴解

ぷん
(30分)

ちゅう　い
注　意
Notes

1. しけん はじ　　　　　　　　もんだいようし　あ
   試験が始まるまで、この問題用紙を開けないでください。
   Do not open this question booklet until the test begins.

2. もんだいようし　も　　かえ
   この問題用紙を持って帰ることはできません。
   Do not take this question booklet with you after the test.

3. じゅけんばんごう　な まえ　した　らん　　じゅけんひょう　おな　　　か
   受験番号と名前を下の欄に、受験票と同じように書いて
   ください。
   Write your examinee registration number and name clearly in each box below as written on your test voucher.

4. もんだいようし　　　ぜんぶ
   この問題用紙は、全部で14ページあります。
   This question booklet has 14 pages.

5. もんだいようし
   この問題用紙にメモをとってもいいです。
   You may make notes in this question booklet.

じゅけんばんごう 受験番号　Examinee Registration Number	
な まえ 名前　　Name	

もんだい1

　もんだい1では、はじめに　しつもんを　きいて　ください。それから　はなしを　きいて、もんだいようしの　1から4の　なかから、いちばん　いい　ものを　ひとつ　えらんで　ください。

れい

1

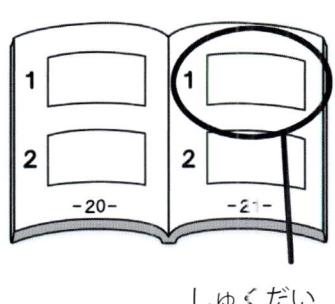

しゅくだい

2

しゅくだい

3

しゅくだい

4

しゅくだい

1ばん

2ばん

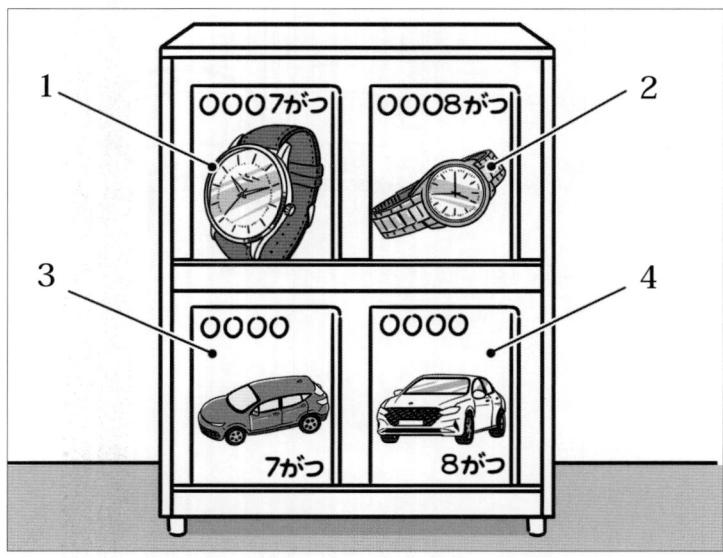

3ばん

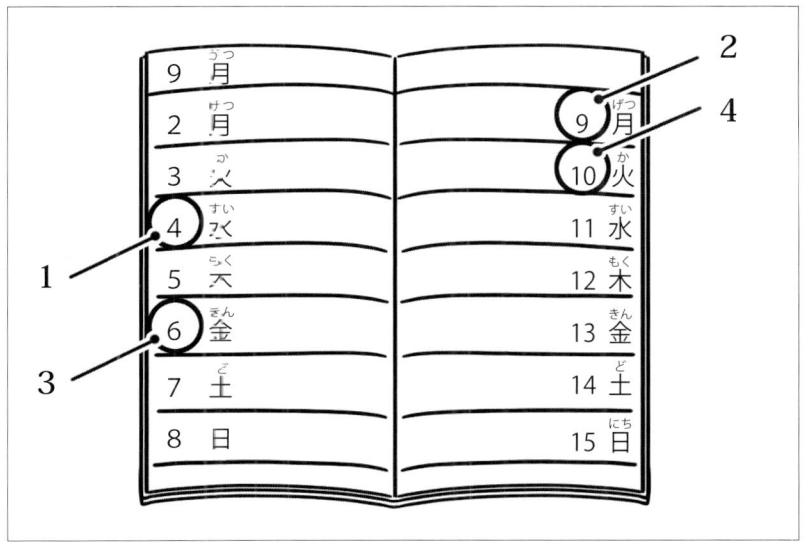

4ばん

1

2

3
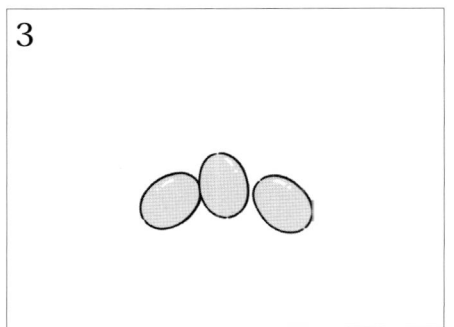

4

5ばん

1　げつようび
2　かようび
3　もくようび
4　きんようび

6ばん

1　1かいの　3ばん
2　1かいの　4ばん
3　2かいの　3ばん
4　2かいの　4ばん

7ばん

1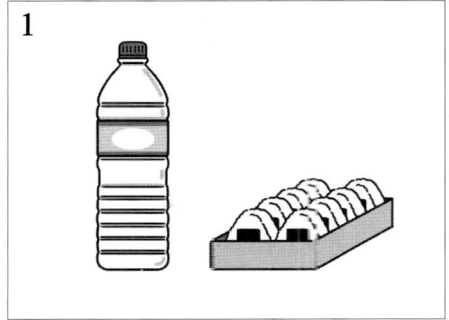
2
3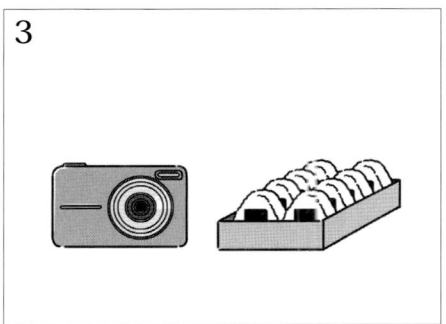
4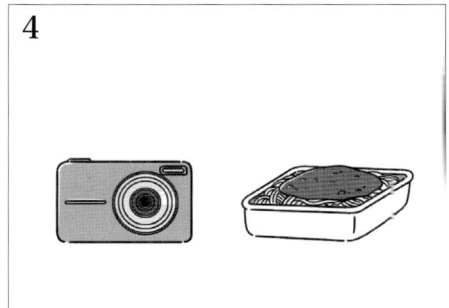

もんだい2

　もんだい2では、はじめに　しつもんを　きいて　ください。それから、はなしを　きいて、もんだいようしの　1から4の　なかから、いちばん　いい　ものを　ひとつ　えらんで　ください。

れい

1　としょかん
2　えき
3　デパート
4　レストラン

1ばん

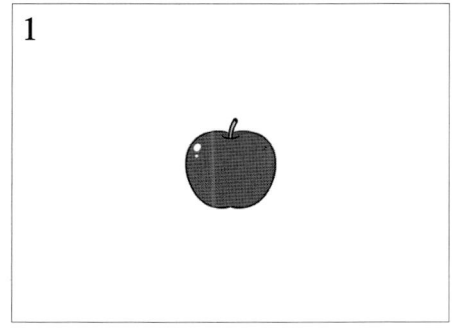
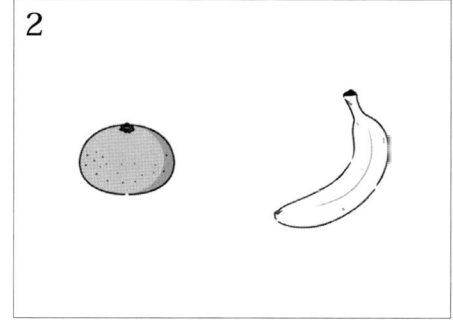

2ばん

1　ひとり

2　ふたり

3　さんにん

4　よにん

3ばん

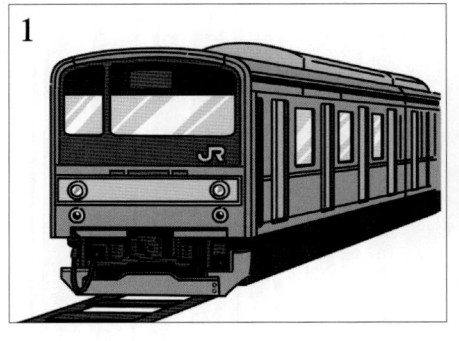

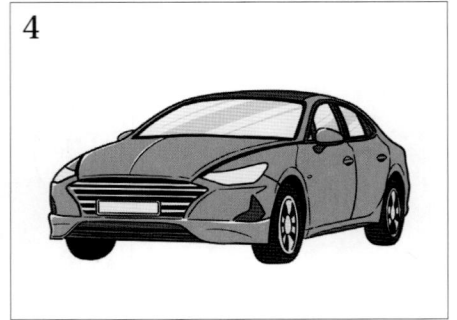

4ばん

5ばん

1　1じかんはん
2　3じかんはん
3　5じかん
4　6じかん

6ばん

1　カレー
2　ピザ
3　すし
4　そば

もんだい3

もんだい3では、えを 見ながら しつもんを きいて ください。
➡(やじるし)の ひとは なんと いいますか。1から3の なかから、いちばん いい ものを ひとつ えらんで ください。

れい

1ばん

2ばん

3ばん

4ばん

5ばん

もんだい4

もんだい4では えなどが ありません。 ぶんを きいて、 1から3の なかから、いちばん いい ものを ひとつ えらんで ください。

― メモ ―

日本語能力試験
JLPT 공식문제집 Ver2.0 N5

정답 및 해설

正答表

●언어지식(문자·어휘)

문제1

1	2	3	4	5	6	7	8	9	10
4	1	3	1	3	4	1	4	2	3

11	12
2	2

문제2

13	14	15	16	17	18	19	20
4	3	2	1	1	4	3	2

문제3

21	22	23	24	25	26	27	28	29	30
4	4	3	1	2	1	2	3	4	1

문제4

31	32	33	34	35
2	1	3	2	4

●언어지식(문법)

문제1

1	2	3	4	5	6	7	8	9	10
2	4	1	4	2	3	1	3	1	2

11	12	13	14	15	16
4	3	2	4	3	1

문제2

17	18	19	20	21
4	2	3	2	1

문제3

22	23	24	25	26
2	1	4	3	3

●언어지식(독해)

문제4

27	28	29
3	2	1

문제5

30	31
2	3

문제6

32
4

●청해

문제1

예	1	2	3	4	5	6	7
3	3	1	4	2	1	4	3

문제2

예	1	2	3	4	5	6
3	4	1	3	1	2	2

문제3

예	1	2	3	4	5
3	3	3	1	2	2

문제4

예	1	2	3	4	5	6
2	1	3	3	2	1	2

1교시 언어지식(문자·어휘)

p17

もんだい1 / 문제1

_____のことばは ひらがなで どう かきますか。1·2·3·4から いちばん いい ものを ひとつ えらんで ください。

_____의 단어는 히라가나로 어떻게 씁니까? 1·2·3·4에서 가장 좋은 것을 하나 고르시오.

예 정답 4 　　　　　　　　　　　　　　　　　　　　　　　　품사 ▶ 명사

しゃしんは　かばんの　下(した)に　ありました。

사진은 가방 아래에 있었습니다.

해설 JLPT N5 레벨의 한자 읽기 파트에서는 기본적인 어휘의 한자의 읽는 법을 묻는 문제가 출제된다. 탁음이나 촉음의 유무 등에 주의하여야 하며, 비교적 빈출 어휘와 유형이 반복적으로 출제되는 경향이 있으니, 기출 어휘를 중심으로 정리해 두면 좋다.
「아래 하 下」는 음독으로 「か」 훈독으로는 「した」 등으로 읽는다. 빈출 단어이니 동사로 사용되는 경우까지 포함하여 읽는 법과 의미를 기억해 두면 좋다.

빈출 上(うえ)(위) | 横(よこ)(옆) | 後(うし)ろ(뒤) | 左(ひだり)(왼쪽) | 右(みぎ)(오른쪽) | 前(まえ)(앞, 전)

어휘 しゃしん(사진) | かばん(가방) | 下(아래, 밑) | ある(사물 등이 있다)

---

1 정답 4 　　　　　　　　　　　　　　　　　　　　　　　　품사 ▶ 명사

あしたは　雨(あめ)ですか。

내일은 비입니까?

해설 「비 우 雨」는 음독으로 「う」 훈독으로는 「あめ・あま」라고 읽는다. 날씨에 관한 단어는 반드시 출제되는 빈출 유형이므로, 기본 어휘를 중심으로 정리해 두면 좋다. 다른 오답 선택지도 꼭 기억해 두자.

오답 1 ゆき(눈) 　2 はれ(맑음) 　3 くもり(흐림)

빈출 晴(は)れ(맑음) | 水(みず)(물) | 山(やま)(산) | 所(ところ)(곳, 장소) | 天気(てんき)(날씨)

어휘 あした(내일) | 雨(あめ)(비) | ですか(~입니까, 의문문)

---

2 정답 1 　　　　　　　　　　　　　　　　　　　　　　　　품사 ▶ 동사

きょうしつで　書(か)いて　ください。

교실에서 써 주세요.

해설 「글 서 書」는 음독으로 「しょ」 훈독으로는 「かく」라고 읽는다. N5 한자 읽기 파트에서는 음독이나 훈독이 헷갈리는 단어보다

64　JLPT 공식 문제집 N5 ver2.0

기본적인 동사를 중심으로 읽는 법을 묻는 문제가 자주 출제되는 경향이 강하니, 오답 선택지까지 꼼꼼하게 정리하여, 기억해 두자.

오답 2 きく(듣다, 묻다)　3 はく(입다, 신다)　4 ひく(당기다, 끌다)

빈출 出す(내다) | 会う(만나다) | 開ける(열다) | 売る(팔다) | 買う(사다)

어휘 きょうしつ(교실) | 書く(쓰다) | ～てください(～해 주세요)

---

3 정답 3　　　　　　　　　　　　　　　　　　　　　　품사 명사

사진은 상자 안에 있습니다.

해설 「가운데 중 中」은 음독으로 「ちゅう・じゅう」 훈독으로는 「なか」로 읽는다. JLPT N5 레벨에서는 음독을 중심으로 읽는 법을 묻는 문제가 자주 출제된다. 위치나 방향을 나타내는 단어는 한자 읽기에서 2문제 이상 반드시 출제되니 꼭 기억해 두자.

오답 1 そば(옆, 곁)　2 そと(바깥)　4 よこ(옆, 가로)

빈출 西(서쪽) | 東(동쪽) | 北(북쪽) | 南(남쪽) | 側(~측) | 近く(가까운 곳, 근처) | 北口(북쪽 출구)

어휘 しゃしん(사진) | はこ(상자) | 中(안, 속)

---

4 정답 1　　　　　　　　　　　　　　　　　　　　　　품사 い형용사

이 의자는 작습니다.

해설 「작을 소 小」는 음독으로 「しょう」 훈독으로는 「ちいさい」라고 읽는다. "규모나 크기가 작다" 또는 "영향이 적다" "나이가 어리다"라는 의미로 사용되는데, 「少ない(양이 적다)」와 의미와 읽는 법을 헷갈리기 쉬우니 주의하자.

빈출 強い(강하다) | 長い(길다) | 低い(낮다) | 古い(오래되다, 낡다) | 大きい(크다) | 多い(많다) | 軽い(가볍다)

어휘 この(이) | いす(의자) | 小さい(작다)

| 5 | 정답 3 | 품사 › 명사 |

あしたは 火よう日です。

내일은 화요일입니다.

해설 요일이나 달 등 날짜에 관한 단어는 1문제 이상 반드시 출제되니 꼭 기억해 두자. 특히, 탁음이나 촉음이 있는 단어를 중심으로 자주 출제된다. '화요일'은 「火よう日」라고 읽는다. 탁음도 장음도 붙지 않는다는 점에 주의하자. 참고로 요일은 한자의 음독으로 읽는다는 점을 기억해 두자.

오답 1 どようび(토요일)　2 すいようび(수요일)　4 にちようび(일요일)

빈출 月よう日(월요일) | 木よう日(목요일) | 金よう日(금요일)

어휘 あした(내일) | 火よう日(화요일)

| 6 | 정답 4 | 품사 › 명사 |

きれいな 空ですね。

예쁜 하늘이네요.

해설 「빌 공 空」은 음독으로 「くう」, 훈독으로는 「そら(하늘)」 또는 「から(텅 빈, 속이 빈)」 등으로 읽는다. 의미에 따라 읽는 법이 달라, 문맥 규정 파트에서도 자주 출제된다.

오답 1 いえ(집)　2 うみ(바다)　3 にわ(정원)

빈출 風(바람) | 店(가게) | 道(길) | 耳(귀) | 夜(밤) | 台所(부엌)

어휘 きれい(예쁜, 깨끗한) | 空(하늘) | ね(~이군, ~이네, 종조사)

| 7 | 정답 1 | 품사 › 조수사 |

せいとは 百人 います。

생도는 백 명 있습니다.

해설 「사람 인 人」은 음독으로 「じん」 또는 「にん」, 훈독으로는 「ひと」라고 읽는다. '나라 이름, 명사' 뒤에 접속하면 「じん」으로 읽는 경우가 많으며, 조수사나 동사 ます형에 접속할 경우에는 「にん」으로 읽는 경우가 많다.

빈출 二人(두 명) | 四人(네 명) | 九人(아홉 명) | 七人(일곱 명) | 三匹(세 마리)

어휘 せいと(생도, 학생) | 百人(백 명) | いる(사람·동물 등이 있다)

8 정답 4　　　　　　　　　　　　　　　　　　　　　　　　　품사　명사

魚が　たくさん　いますよ。

물고기가 많이 있어요.

해설　「물고기 어 魚」는 음독으로 「ぎょ」 훈독으로는 「うお」 또는 「さかな」라고 읽는다. 단, JLPT N5 레벨에서는 「うお」로 읽는 단어는 출제되지 않으니 「さかな」로 기억해 두면 된다. 「鳥(새)」, 「島(섬)」 등의 단어와 헷갈리기 쉬우니 잘 기억해 두자.

오답　1 ねこ(고양이)　2 とり(새)　3 いぬ(개)

빈출　動物(동물) | 薬(약) | 楽(편한) | 電車(지하철, 전차) | 鳥(새) | 鼻(코) | 料理(요리)

어휘　魚(물고기) | たくさん(많이) | よ(~야, 종조사)

---

9 정답 2　　　　　　　　　　　　　　　　　　　　　　　　　품사　명사

パンを　半分　ともだちに　あげました。

빵을 반 친구에게 주었습니다.

해설　「나눌 분 分」은 음독으로 「ぶ」, 「ふん」, 「ぶん」으로 읽는다. '비율' 등을 나타낼 때는 「ぶ」로 읽는 경우가 많으며, "몇 시 몇 분"이라는 시간을 나타낼 때는 「ふん」또는 「ぷん」으로 읽는 경우가 많다. 또한, '부분'이나 '나뉨, 갈라짐' 등의 의미를 나타낼 때는 「ぶん」으로 읽는 경우가 많다. 의미에 따라 탁음의 유무를 비롯한 읽는 법이 달라지니 주의하자. '절반'이라는 의미인 「半分(반)」의 경우, 탁음이 있으므로 정답은 2번이다.

오답　3 本文(본문)

빈출　地図(지도) | 手紙(편지) | 毎晩(매일 밤) | 郵便局(우체국) | 仕事(일, 업무) | 信号(신호)

어휘　パン(빵) | 半分(반, 절반) | ともだち(친구) | あげる(주다)

---

10 정답 3　　　　　　　　　　　　　　　　　　　　　　　　　품사　명사

ぎんこうと　スーパーの　間に　ほそい　みちが　あります。

은행과 슈퍼 사이에 좁은 길이 있습니다.

해설　「사이 간 間」은 음독으로 「かん」 훈독으로는 「あいだ」 또는 「ま」라고 읽는다. 「あいだ」는 '시간이나 공간의 사이, 틈새'를 나타내는데, 탁음이 있다는 점에 주의하자.

오답　2 となり(옆)

빈출　午前(오전) | 午後(오후) | 朝(아침) | 今朝(오늘 아침) | 先月(지난 달) | 誕生日(생일)

어휘　ぎんこう(은행) | スーパー(슈퍼마켓) | 間(~사이) | ほそい(얇다, 좁다) | みち(길)

정답 및 해설　67

11 정답 2

품사 조수사

たまごを 三つ とって ください。

달걀을 세 개 집어 주세요.

해설 조수사는 출제 빈도가 높으니 읽는 법을 꼭 기억해 두자. 특히, 탁음이나 촉음이 있는 단어는 반드시 기억해 두는 것이 좋다.

오답 1 いつつ (5개)

빈출 六つ(6개) | 八つ(8개) | 九つ(9개) | 十(10개)

어휘 たまご(달걀) | 三つ(세 개) | とる(잡다, 쥐다, 들다)

12 정답 2

품사 い형용사

きょうは 元気が いいですね。

오늘은 기운이 좋네요(활기차네요).

해설 「으뜸 원 元」은 음독으로 「がん」, 「げん」으로 읽으며, 훈독으로는 「もと」라고 읽는다. 또한, 「기운 기 気」는, 음독으로 「き」 또는 「け」로 읽는다. 「元気」는 '건강하고 활기가 넘치는 상태'를 나타내는데, 앞에 탁음이 있다는 점에 주의하자.

오답 3 でんき(전기) 4 てんき(날씨)

빈출 大切(소중한) | 丈夫(튼튼한) | 便利(편리) | 静か(조용한)

어휘 きょう(오늘) | 元気(건강, 기운, 활기찬, 생생한) | いい(좋다)

もんだい2 / 문제2

_____のことばは どう かきますか。1・2・3・4から いちばん いい ものを ひとつ えらんで ください。

_____의 단어는 어떻게 씁니까? 1・2・3・4에서 가장 좋은 것을 하나 골라 주세요.

예 정답 3

품사 명사

この みちは くるまが おおいです。

이 길은 차가 많습니다.

해설 JLPT N5 표기 파트에서는 정확한 한자 표기를 알고 있는지를 묻는 문제가 출제된다. 모양이나 의미가 헷갈리기 쉬운 한자를 구분할 수 있는지가 포인트이다. 정확한 한자 표기를 알고 있는 경우에는 빠르게 정답을 체크하면 시간을 절약할 수 있다. 특히, JLPT N5 레벨에서는 기본 어휘의 한자 표기를 묻는 문제가 자주 출제된다.

오답 1 運(운) 2 里(마을, 촌락) 4 軍(군)

빈출 犬(개) | 国(나라) | 窓(창문)

어휘 この(이) | みち(길) | くるま(자동차, 차) | おおい(많다)

---

13 정답 4 　　　　　　　　　　　　　　　　　　　　　　　**품사** 명사

この わいしゃつを ください。

이 와이셔츠를 주세요.

해설 가타카나 표기를 묻는 문제는 1문제 이상 반드시 출제된다. 「ウ」와 「ワ」, 「シ」와 「ツ」, 「ソ」와 「ン」 등 헷갈리기 쉬운 표기를 정확히 기억해 두자.

빈출 シャワー(샤워) | ストーブ(스토브) | チケット(티켓) | タクシー(택시) | エアコン(에어컨) | プール(수영장)

어휘 ワイシャツ(와이셔츠) | ください(주세요)

---

14 정답 3 　　　　　　　　　　　　　　　　　　　　　　　**품사** 명사

わたしの くには かわが おおいです。

나의 나라는 강이 많습니다.

해설 「かわ」는 '강'이란 의미로 한자로는 「川」로 표기한다. 자연을 나타내는 기본 어휘도 출제빈도가 높다.

오답 1 花(꽃) 2 山(산) 4 木(나무)

빈출 耳(귀) | 目(눈) | 顔(얼굴) | 首(목) | 足(발) | 手(손)

어휘 わたし(나, 저) | くに(나라, 모국, 고향) | かわ(강)

---

15 정답 2 　　　　　　　　　　　　　　　　　　　　　　　**품사** 명사

ヤンさんの がっこうは どこですか。

양 씨의 학교는 어디입니까?

해설 「배울 학 学」은 음독으로 「がく」라고 읽지만, '학교'라는 의미일 때에는 「学校」라고 읽는다. '학생'은 「学生」이라고 읽는다는 것도 기억해 두자. 2번 외에는 일본어에서는 사용하지 않는 단어이다.

빈출 先生(선생님) | 牛乳(우유) | お父さん(아버지) | お母さん(어머니) | 家族(가족) | 外国(외국)

어휘 さん(~씨, 사람 등을 존경, 공손하게 표현) | がっこう(학교) | どこ(어디)

16 정답 1 　　　　　　　　　　　　　　　　　　　　품사 ▶ 동사

この　ざっしを　**みて**　ください。

이 잡지를 **봐** 주세요.

해설 「みる」는 '보다'라는 의미로 한자로는 「見る」로 표기한다.

오답 2 買う(사다)　3 貝(조개)　4 目(눈)

빈출 言う(말하다) | 行く(가다) | 飲む(마시다) | 入る(들어가다) | 入れる(넣다) | 待つ(기다리다) | 持つ(갖다, 들다)

어휘 この(이) | ざっし(잡지) | みる(보다)

17 정답 1 　　　　　　　　　　　　　　　　　　　　품사 ▶ い형용사

この　カメラは　**たかい**ですね。

이 카메라는 **비싸**네요.

해설 「たかい」는 '비싸다' 또는 '높다'라는 의미로 한자로는 「高い」로 표기한다. 표기 파트에서 출제되는 い형용사는 많지 않으니, 기출 어휘 위주로 정리해 두면 좋다.

오답 2 安い(싸다)　3 古い(오래되다, 낡다)　4 新しい(새롭다)

빈출 忙しい(바쁘다) | 寒い(춥다) | 遠い(멀다) | 暑い(덥다)

어휘 カメラ(카메라) | たかい(비싸다, 높다)

18 정답 4 　　　　　　　　　　　　　　　　　　　　품사 ▶ 명사

きのうは　**かいしゃ**を　やすみました。

어제는 **회사**를 쉬었습니다.

해설 「かいしゃ」는 '회사'라는 의미로 한자로는 「会社」로 표기한다. 4번 이외에는 일본어에서 사용하지 않는 단어이다.

빈출 階段(계단) | 切符(표, 티켓) | 散歩(산책) | 辞書(사전) | 新聞(신문)

어휘 きのう(어제) | かいしゃ(회사) | やすむ(쉬다)

19 정답 3 　　　　　　　　　　　　　　　　　　　　　　　　　품사 ▶ 동사

まだ **いわないで** ください。

아직 **말하지** 말아 주세요.

해설 「いう」는 '말하다'는 의미로, 한자로는 「言う」로 표기한다. '말하다, 이야기하다'라는 의미인 「話す」「語る」도 함께 기억해 두자.

오답 1 行う(행하다, 실시하다) ｜ 2 立つ(서다) ｜ 4 食う(먹다)

빈출 動く(움직이다) ｜ 働く(일하다) ｜ 習う(배우다) ｜ 休む(쉬다) ｜ 忘れる(잊다) ｜ 始まる(시작되다) ｜ 渡る(건너다)

어휘 まだ(아직) ｜ いう(말하다) ｜ ～ないでください(～하지 말아 주세요)

20 정답 2 　　　　　　　　　　　　　　　　　　　　　　　　　품사 ▶ 명사

らいげつ けっこんします。

다음 달 결혼합니다.

해설 「달 月」은 음독으로 「がつ」 또는 「げつ」로 읽는다. 「らいげつ」는 '다음 달'이라는 의미로 한자로는 「来月」로 표기한다.

오답 1 今月(이번 달) ｜ 3 来週(다음 주) ｜ 4 今週(이번 주)

빈출 来週(다음 주) ｜ 今週(이번 주) ｜ 今月(이번 달) ｜ 一昨年(재작년) ｜ 一昨日(그저께)

어휘 らいげつ(다음 달) ｜ けっこん(결혼)

もんだい3 / 문제3

(　　)に なにが はいりますか。1・2・3・4から いちばん いい ものを ひとつ えらんで ください。

(　　)에 무엇을 넣습니까? 1・2・3・4에서 가장 좋은 것을 하나 골라 주세요.

예 정답 1 　　　　　　　　　　　　　　　　　　　　　　　　　품사 ▶ 동사

あそこで タクシーに (**のりました**)。

저기에서 택시를 (**탔습니다**).

해설 문맥 규정 파트에서는 한자 읽기나 한자 표기 파트와는 달리 선택지에 사용하지 않는 단어나 잘못된 표기가 없어, 문장을 꼼꼼히 읽고, 문맥의 흐름상 자연스러운 단어를 골라야 한다.

예시 문제에서는 '택시를 타다'라는 문장이 들어가야 자연스러우므로 정답은 1번이 된다.

오답 2 あがる(오르다)　3 つく(도착하다)　4 はいる(들어가다)

빈출 帰る(돌아가다) | 教える(가르치다) | 作る(만들다) | 使う(사용하다) | 登る(오르다)

어휘 あそこ(저기) | タクシー(택시) | のる(타다)

21　정답 **4**　　　　　　　　　　　　　　　　　　　　　　　**품사** 조수사

わたしの　へやは　この　アパートの　2　(かい)　です。

내 방은 이 아파트 2 (층)입니다.

해설 조수사를 고르는 문제도 출제빈도가 높으니, 기본적인 숫자의 세는 법과 함께 기억해 두면 좋다. 문맥상 "내 방은 이 아파트 2층이다"라는 문장이 이어져야 자연스럽다. 층수를 나타낼 때는 「階(~층)」을 사용한다. 따라서, 정답은 4번이 된다.

오답 1 ほん(~개, 가늘고 긴 것을 셀 때 사용하는 단위)　2 さつ(~권)　3 だい(~대, 차나 기계를 셀 때 사용하는 단위)

빈출 枚(~장) | 匹(~마리) | 目(~째) | 番(~번)

어휘 へや(방) | アパート(아파트) | ~かい(~층)

22　정답 **4**　　　　　　　　　　　　　　　　　　　　　　　**품사** 동사

その　ナイフで　りんごを　(きって)　ください。

그 칼로 사과를 (잘라) 주세요.

해설 문맥의 흐름상 「ナイフで　りんごを　きる(칼로 사과를 자르다)」로 이어져야 자연스러우므로 정답은 4번이 된다. 「つける」는 '붙이다(어떤 것을 표면에 밀착시키다)'라는 의미를 나타내는데, '칼로 붙이다'는 사용할 수 없으므로, 오답이다.

오답 1 おきる(일어나다)　2 つける(달다, 붙이다)　3 しめる(닫다, 잠그다)

빈출 消す(지우다) | 洗う(씻다, 빨다) | 遊ぶ(놀다) | 取る(잡다) | 止まる(멈추다)

어휘 その(그) | ナイフ(칼) | りんご(사과) | きる(깎다, 자르다)

23　정답 **3**　　　　　　　　　　　　　　　　　　　　　　　**품사** 명사

(とけい)を　わすれましたから、じかんが　わかりません。

(시계)를 잃어버렸기 때문에, 시간을 모릅니다.

해설 '시간을 모릅니다'라는 부분과 자연스럽게 이어져야 하므로 정답은 3번 '시계'가 된다. 선택지 중에 시간과 관련이 있는 단어는 3번뿐이다.

오답 1 じしょ(사전)　2 ちず(지도)　4 さいふ(지갑)

| 빈출 | 地下鉄(지하철) | 帽子(모자) | 眼鏡(안경) | 図書館(도서관) |
| 어휘 | とけい(시계) | わすれる(잊다, 잃어 버리다) | ～から(～이기 때문에) | じかん(시간) | わかる(알다) |

24 정답 1 　　　　품사: い형용사

> わたしの　うちは　えきに　ちかいですから、（ べんり ）です。
>
> 내 집은 역에 가깝기 때문에, (편리)합니다.

해설 JLPT N5에서 출제되는 な형용사는 많지 않으니, 기출 어휘 위주로 정리해 두면 좋다. "나의 집은 역에서 가깝다"고 했으므로 "편리하다"가 들어가면 문맥상 자연스럽다. 「じょうぶ(튼튼하다)」는 '사람이 건강하거나, 물건이 튼튼하여 망가지기 어려운 상태'를 나타내므로, 여기에서는 사용할 수 없다.

오답 2 じょうぶ(튼튼한, 건장한)　3 いっぱい(가득)　4 へた(서투른, 잘 못하는)

빈출 好き(좋아하는) | 上手(능숙한, 잘하는) | にぎやか(활기찬) | 不便(불편한)

어휘 うち(집) | えき(역) | ちかい(가깝다) | べんり(편리한)

25 정답 2 　　　　품사: 가타카나

> なつやすみは　まいにち（ プール ）で　およぎました。
>
> 여름 방학은 매일 (수영장)에서, 헤엄쳤습니다.

해설 괄호 뒤에 「～で およぎました(에서 헤엄쳤습니다)」가 이어지고 있으므로, '헤엄치는 장소'가 들어가야 하며, 정답은 2번이 된다.

오답 1 レストラン(레스토랑)　3 エレベーター(엘리베이터)　4 ビル(빌딩)

빈출 メートル(미터) | ノート(노트) | パスポート(여권) | トイレ(화장실) | レポート(리포트)

어휘 なつやすみ(여름 방학) | まいにち(매일) | プール(수영장) | およぐ(헤엄치다)

26 정답 1 　　　　품사: 명사

> しらない　ことばが　ありましたから、せんせいに（ しつもん ）しました。
>
> 모르는 단어가 있었기 때문에, 선생님에게 (질문) 했습니다.

해설 앞 부분의 「しらない　ことばが　ありましたから(모르는 단어가 있었기 때문에)」와 이어져야 하므로 정답은 1번 '질문'이 된다. 「せんせいに～ しました(선생님에게～했습니다)」라는 선생님을 상대로 행한 동작 또는 행위가 들어가야 하는데, 4번은 '내가 선생님에게 수업을 해 주었다"는 의미가 되어 버리므로 사용할 수 없다.

오답 2 べんきょう(공부)　3 れんしゅう(연습)　4 じゅぎょう(수업)

| 빈출 | 上着(겉 옷) | 写真(사진) | 新聞(신문) | 建物(건물) | 病院(병원) |
| 어휘 | しる(알다) | ことば(말, 단어, 어휘) | せんせい(선생님) | しつもん(질문) |

---

27 정답 2　　　　　　　　　　　　　　　　　　　　　　　　　　품사 ▶ 명사

> この　へやは　あついですから、（ まど ）を あけましょう。
>
> 이 방은 덥기 때문에 (창문)을 엽시다.

해설「この　へやは　あついですから(이 방은 덥기 때문에)」뒤에 이어져야 하므로, 「まど(창문)」이 와야 자연스럽다. 「～をあげる」는 "～을 열다"는 의미로, 함께 쓰일 수 있는 것은 2번 「まど(창문)」밖에 없다.

오답 1 おふろ(목욕)　3 エアコン(에어컨)　4 テーブル(테이블)

빈출 料理(요리) | 食事(식사) | かびん(꽃병) | 椅子(의자) | せっけん(비누) | 八百屋(채소 가게) | 台所(부엌)

어휘 へや(방) | あつい(덥다) | まど(창문) | あける(열다)

---

28 정답 3　　　　　　　　　　　　　　　　　　　　　　　　　　품사 ▶ 동사

> きのうは　がっこうで　たくさん　かんじを（ おぼえました ）。
>
> 어제는 학교에서 많이 한자를 (암기했습니다).

해설「がっこうで　かんじを(학교에서 한자를)」이라는 문맥상 가장 자연스러운 것은 3번 '암기하다'이다.

오답 1 うる(팔다)　2 もつ(갖다)　4 こまる(곤란하다)

빈출 読む(읽다) | 歌う(노래하다) | 消える(사라지다) | 住む(살다) | 生まれる(태어나다) | 答える(대답하다)

어휘 がっこう(학교) | たくさん(많은) | かんじ(한자) | おぼえる(기억하다, 암기하다)

---

29 정답 4　　　　　　　　　　　　　　　　　　　　　　　　　　품사 ▶ い형용사

> この　コーヒーは、さとうを　たくさん　いれましたから、（ あまい ）です。
>
> 이 커피는 설탕을 많이 넣었기 때문에 (답)니다.

해설 "설탕을 많이 넣었다"는 문맥과 자연스럽게 이어져야 하므로, 정답은 4번 「あまい(달다)」이 된다. 4번 외에는 맛을 나타내지 않으므로 사용할 수 없다.

오답 1 わかい(젊다)　2 くろい(검다)　3 まるい(둥글다)

빈출 広い(넓다) | 短い(짧다) | 悪い(나쁘다) | 辛い(맵다) | 痛い(아프다)

어휘 コーヒー(커피) | さとう(설탕) | いれる(넣다) | あまい(달다)

30 정답 1　　　　　　　　　　　　　　　　　　　　　　　품사　동사

つよい　かぜが（　ふいて　）います。

강한 바람이 （ 불고 ） 있습니다.

해설 '바람이 불다'는 「風(かぜ)が吹(ふ)く」로 표현한다. 「カゼをひく(감기에 걸리다)」, 「でんきをつける(전기를 켜다)」 등 관용적으로 함께 사용하는 표현들은 통째로 암기해 두는 것이 좋다.

오답 2 いそぐ(서두르다)　3 とぶ(날다)　4 はしる(뛰다, 달리다)

빈출 呼(よ)ぶ(부르다) | 死(し)ぬ(죽다) | かぶる(뒤집어 쓰다) | 置(お)く(두다) | 降(お)りる(내리다)

어휘 つよい(나쁘다) | かぜ(바람) | ふく(불다)

もんだい4　_____のぶんと　だいたい　おなじ　いみの　ぶんが　あります。1・2・3・4から　いちばん　いい　ものを　ひとつ　えらんで　ください。

문제4　_____의 문장과 대체로 같은 의미인 문장이 있습니다. 1・2・3・4에서 가장 좋은 것을 하나 고르시오.

예 정답 4

ゆうべ　しゅくだいを　しました。	어제 저녁에 숙제를 했습니다.
1. おとといの　あさ　しゅくだいを　しました。	1. 그저께 아침 숙제를 했습니다.
2. おとといの　よる　しゅくだいを　しました。	2. 그저께 밤 숙제를 했습니다.
3. きのうの　あさ　しゅくだいを　しました。	3. 어제 아침 숙제를 했습니다.
4. きのうの　よる　しゅくだいを　しました。	4. 어제 밤 숙제를 했습니다.

해설 JLPT N5 레벨의 유의 표현 파트에서는 예시 문장과 동일한 의미인 문장을 찾아야 하는데, 포인트가 되는 단어의 유의어에 주의하면서, 문장 전체의 구조에도 주의하는 것이 좋다. 특히, '빌리다'와 '빌려주다'처럼 문장 구조를 바꾸는 것에 의해 동일한 의미의 문장이 되거나, 가족 관계를 나타내는 단어, 시간이나 날짜를 나타내는 단어, 품사가 다르지만 비슷한 의미가 되는 단어들의 의미를 묻는 문제가 자주 출제된다.

「ゆうべ」는 '어제 저녁'이라는 의미로, 「きのうの　よる(어제 밤)」와 같은 의미가 된다. 따라서 정답은 4번이 된다.

오답 1 おとといの　あさ(그저께 아침)　2 おとといの　よる(그저께 저녁)　3 きのうの　あさ(어제 아침)

빈출 今朝(けさ)(오늘 아침) | 一昨日(おととい)(그저께) | 一昨年(おととし)(재작년) | 毎晩(まいばん)(매일 밤) | 昨年(さくねん)(작년)

어휘 ゆうべ(어제 저녁) | しゅくだい(숙제) | おととい(그저께) | あさ(아침) | よる(저녁) | きのう(어제)

31 정답 2

これは　りょうしんの　しゃしんです。	이것은 부모님의 사진입니다.
1. これは　そふと　そぼの　しゃしんです。	1. 이것은 할아버지와 할머니의 사진입니다.
2. これは　ちちと　ははの　しゃしんです。	2. 이것은 아빠와 엄마의 사진입니다.
3. これは　あにと　おとうとの　しゃしんです。	3. 이것은 형(오빠)과 남동생의 사진입니다.
4. これは　あねと　いもうとの　しゃしんです。	4. 이것은 누나(언니)와 여동생의 사진입니다.

해설　「りょうしん(부모님, 양친)」은 '아버지와 어머니'를 나타내는 표현으로 동일한 의미의 문장은 2번이 된다. 가족관계를 나타내는 단어의 의미를 묻는 문제는 출제빈도가 높으니 반드시 기억해 두자.

오답　1 そふと　そぼ(할아버지와 할머니)　3 あにと　おとうと(형과 남동생)　4 あねと　いもうと(누나와 여동생)

빈출　おばさん(이모, 고모, 아줌마) | おじさん(삼촌, 아저씨) | おじいさん(할아버지) | おばあさん(할머니) | 兄弟(きょうだい)(형제)

어휘　りょうしん(부모님, 양친) | しゃしん(사진) | そふ(할아버지, 조부) | そぼ(할머니, 조모) | ちち(아빠) | はは(엄마) | あに(형, 오빠) | おとうと(남동생) | あね(누나, 언니) | いもうと(여동생)

32 정답 1

この　ダンスは　やさしいです。	이 댄스는 쉽습니다.
1. この　ダンスは　かんたんです。	1. 이 댄스는 간단합니다.
2. この　ダンスは　たいへんです。	2. 이 댄스는 힘듭니다.
3. この　ダンスは　たのしいです。	3. 이 댄스는 즐겁습니다.
4. この　ダンスは　つまらないです。	4. 이 댄스는 재미가 없습니다.

해설　「やさしい(쉽다)」는 '이해나 습득하기가 단순하고 알기 쉽, 평이하다'는 의미로 동일한 의미는 「かんたんだ(쉽다)」가 된다. 따라서, 정답은 1번이 된다.

오답　2 たいへん(힘든, 대단한)　3 たのしい(즐겁다)　4 つまらない(재미가 없다)

빈출　いや(싫은) | 上手(じょうず)(잘하는, 능숙한) | 美(うつく)しい(아름답다)

어휘　ダンス(댄스) | やさしい(쉽다, 친절하다) | かんたん(간단한) | たいへん(힘든) | たのしい(즐겁다) | つまらない(재미가 없다)

33 정답 3

ふくを　せんたくしました。	옷을 세탁했습니다.
1. ふくを　ぬぎました。	1. 옷을 벗었습니다.
2. ふくを　わたしました。	2. 옷을 건넸습니다.
3. ふくを　あらいました。	3. 옷을 빨았습니다.
4. ふくを　きました。	4. 옷을 입었습니다.

해설 「せんたくする」는 '세탁하다'는 의미로, 동일한 의미는 「ふくを あらう(옷을 빨다)」가 된다. 「あらう」는 '물 등을 사용하여 더러움을 제거한다'는 의미다.

오답 1 ぬぐ(벗다) 2 わたす(건네다) 4 きる(입다)

빈출 買い物(쇼핑) | 泳ぐ(헤엄치다) | 料理(요리) | 作文(작문)

어휘 ふく(옷) | せんたく(세탁) | ぬぐ(벗다) | わたす(건네다) | あらう(씻다, 빨다) | きる(입다)

34 정답 2

この へやは くらいですね。	이 방은 어둡네요.
1. この へやは あかるいですね。	1. 이 방은 밝네요.
2. この へやは あかるくないですね。	2. 이 방은 밝지 않네요.
3. この へやは しずかじゃないですね。	3. 이 방은 조용하지 않네요.
4. この へやは しずかですね。	4. 이 방은 조용하네요.

해설 「くらい」는 '어둡다'는 의미로 동일한 의미는 2번 「あかるくない(밝지 않다)」가 된다. 부정을 사용하여 동일한 의미의 문장으로 만드는 유형의 문제도 출제 빈도가 높다.

오답 1 あかるい(밝다) 3 しずかじゃない(조용하지 않다) 4 しずか(조용한)

빈출 うるさい(시끄럽다) | まずい(맛 없다) | いい(좋다) | きたない(지저분하다) | せまい(좁다)

어휘 へや(방) | くらい(어둡다) | あかるい(밝다) | しずか(조용한)

35 정답 4

リーさんは もりさんに ペンを かしました。	리 씨는 모리 씨에게 펜을 빌려주었습니다.
1. リーさんは もりさんに ペンを もらいました。	1. 리 씨는 모리 씨에게 펜을 받았습니다.
2. もりさんは リーさんに ペンを もらいました。	2. 모리 씨는 리 씨에게 펜을 받았습니다.
3. リーさんは もりさんに ペンを かりました。	3. 리 씨는 모리 씨에게 펜을 빌렸습니다.
4. もりさんは リーさんに ペンを かりました。	4. 모리 씨는 리 씨에게 펜을 빌렸습니다.

해설 「かす」는 '빌려주다'는 의미이며, 「かりる」는 '빌리다'는 의미이다. 「AがBに かす」는 'A가 B에게 빌려주다'는 의미이며, 「BがAに かりる(B가 A에게 빌리다)」와 같은 의미가 된다. 제시 문장이 "리 씨가 모리 씨에게 펜을 빌려주다"이므로 "모리 씨가 리 씨에게 펜을 빌리다"로 바꾸면 같은 의미가 된다. 따라서 정답은 4번이 된다.

오답 1,2 もらう(받다) 3 かりる(빌리다)

빈출 くれる(남이 나에게 주다) | あげる(주다) | 返す(되돌려 주다) | 教える(가르치다)

어휘 ペン(펜) | かす(빌려주다) | もらう(받다) | かりる(빌리다)

2교시 언어지식(문법) p27

もんだい1	（　）に 何を 入れますか。1・2・3・4から いちばん いい ものを 一つえらんで ください。
문제1	（　）에 무엇을 넣습니까? 1・2・3・4에서 가장 좋은 것을 하나 골라 주세요.

예 정답 3

これ（は）えんぴつです。

이것（은）연필입니다.

문형 명사 + は ~은/는

해설 JLPT N5의 문법 파트에서는 조사의 기능과 활용법, 간단한 문형의 접속 형태를 묻는 문제가 출제된다. 조사와 동사, 형용사 활용법과 수동형, 사역형 등의 사용법을 익혀두면 좋다. 「は(은/는)」는 앞에 오는 명사가 문장 전체의 주제라는 것을 나타내는 강조의 조사이다.

오답 1 に(~에, ~에게) 2 を(~을/를) 4 や(~와/과)

어휘 これ(이것) | えんぴつ(연필) | ~です(~입니다)

1 정답 2

私は あしたの ひこうき（で）国へ 帰ります。

나는 내일 비행기（로）고향에 돌아갑니다.

문형 명사 + で (수단) ~(으)로

해설 「で」는 "1) 동작이나 행동이 일어나는 장소(~에서) 2) 일이 성립하는 범위(~에서) 3) 수단, 방법(~로) 4) 재료(~로) 5) 원인이나 이유(~이기 때문에) 6) 시간이나 숫자의 양(~에)" 등을 나타낸다. 「で」는 사용 범위가 매우 넓지만, JLPT N5 문법 파트에서는 상기 6가지 용법이 주로 출제되니 예문과 함께 기억해 두면 좋다.
「ひこうき（　）国へ 帰ります(비행기 [　] 고향에 돌아갑니다)。」라는 문맥상, '비행기로 가다'라는 수단을 나타내는 조사가 들어가야 하므로 정답은 2번이 된다.

오답 1 に(~에) 3 か(~까, 의문사) 4 を(~을/를)

빈출 の(~의, ~것) | へ(~에) | と(~와/과)

어휘 私(나) | あした(내일) | ひこうき(비행기) | で(~로) | 国(고향, 모국, 나라) | へ(~에) | 帰る(집에 돌아가다)

2 정답 4

先週(せんしゅう) デパートで かばん (や) くつなどを 買(か)いました。

지난 주, 백화점에서 가방 (과) 구두 등을 샀습니다.

문형 명사 + や ~와/과, ~이나

해설 「や(와/과)」는 "2개 이상의 명사를 나열"할 때 사용한다. 여러 개 중에서 대표적인 것 2~3개를 예시로 들 때 사용하며, 예시로 든 것 외에도 더 많이 있다는 뉘앙스를 전달한다. 「명사 + や + 명사 + など(~와/과~등)」의 형태로 사용하여, 다른 같은 종류의 것이 존재한다는 뉘앙스가 있다.

"지난 주 백화점에서 가방과 구두 등을 샀습니다" 즉, 여러 개 산 중에서 '가방과 구두'를 예시로 들고 있으므로 정답은 4번이 된다.

오답 1 は(~은/는) 2 も(~도) 3 へ(~에)

빈출 と(~라고) | という(~라고 하는) | しか(~밖에) | ~から(~에서, 부터)

어휘 先週(せんしゅう)(지난 주) | デパート(백화점) | で(~에서) | かばん(가방) | や(~와,과) | くつ(구두) | など(~등) | 買(か)う(사다)

3 정답 1

私(わたし)は 毎朝(まいあさ) 7時(じ)ごろ 家(いえ) (を) 出(で)ます。

나는 매일 아침 7시 무렵 집 (을) 나옵니다.

문형 명사 + を ~을/를

해설 「を(을/를)」는 "1) (타동사의) 동작의 대상 2) 이동의 출발점이나 통과점, 경로 3) 어떤 일이 지속되는 기간이나 상황"등을 나타낸다. 여기에서는 「家(いえ)を出(で)る(집을 나오다)」라는 '이동의 출발점'을 나타낸다. 따라서 정답은 1번이 된다.

오답 2 と(~와/과) 3 が(~이/가) 4 で(~에서)

빈출 ~まで(~까지) | ごろ(무렵, 즈음) | ~て(~하고, ~해서) | ~あとで(~한 후에)

어휘 毎朝(まいあさ)(매일 아침) | ごろ(~무렵) | 家(いえ)(집) | 出(で)る(나오다)

4 정답 4

きのう　スーパーで　田中さん（ に ）　会いました。

어제 슈퍼에서 다나카 씨 (를) 만났습니다.

문형 　명사　＋　に　　~을/를

해설 「に(~에, ~에게, 을/를)」은 "1) 사물이나 정보를 받는 사람 2) 동작이나 행위의 도착점, 3) 동작의 상대 5) 이동의 도착 장소 6) 변화의 결과 7) 비교의 기준" 등을 나타낸다. 사용범위가 매우 광범위하니, 꼭 예문과 함께 기억해 두자. 일본어에서는 "~을/를 만나다"라고 표현할 때에는 조사「に」를 사용한다(동작의 상대). 따라서, 정답은 4번이 된다.

오답 1 を(~을/를)　2 の(~의)　3 で(~에서)

빈출 ~のまえに(~하기 전에) ｜ ~にする(~로 하다, 변화, 선택) ｜ とき(~할 때)

어휘 きのう(어제) ｜ スーパー(슈퍼마켓) ｜ 会う(만나다)

5 정답 2

私の　うちの　ほんだなは、きょねん　父（ が ）作りました。

나의 집 책장은 작년에 아빠 (가) 만들었습니다.

문형　명사　＋　が　　~이/가

해설 「が(~이/가)」는 주어를 나타내는데, 그 외에도 "1) 존재하는 것 2) 감정이 향하는 대상 3) 희망하는 동작의 대상 4) 가능형의 동작의 대상" 등도 주어로 간주하여 「が(~이/가)」를 사용한다. 여기에서는, "아빠가 만들었다"는 "만든 주어"를 제시하고 있으므로, 정답은 2번이 된다.

오답 1 や(~와/과, ~이나)　3 を(을/를)　4 で(~에서)

빈출 ~てから(~하고 나서) ｜ くらい(~정도) ｜ には(~에는) ｜ ~では(~에서는)

어휘 うち(집) ｜ ほんだな(책장) ｜ きょねん(작년) ｜ 父(아빠, 아버지) ｜ 作る(만들다)

6 정답 3

今日　やおやで　りんごを　買いました。五つ（ で ）３００円でした。

오늘 채소 가게에서 사과를 샀습니다. 5개 (에) 300엔이었습니다.

문형 　명사(시간, 숫자)　＋　で　　~에

해설 「시간이나 숫자, 인원 수를 나타내는 명사 + で」는 '숫자, 인원 수, 시간의 양이나 총 합계'를 나타낸다. "오늘 채소 가게에서 사과를 샀는데, 5개 합해서 300엔이었습니다"라는 문맥이므로, 정답은 3번이 된다.

오답 1 に(~에게) 2 と(~와/과) 4 や(~와/과, 이나)

빈출 ~たり~たり(~하거나 ~하거나) | ~くする(~하게 하다) | ~は~が(~은/는 ~이)

어휘 今日(오늘) | やおや(채소 가게) | りんご(사과) | 五つ(다섯 개) | 円(엔)

---

7 정답 1

きのう（は）少し 寒かったですが、今日（は）寒くないです。

어제 (는) 조금 추웠습니다만 오늘 (은) 춥지 않습니다.

문형 명사 + は, ~보통형 + が, 명사 + は ~은/는, ~은/는

해설 두 개 이상의 일이나 물건을 대비하여 말할 때, 「~は~が、~は(~은/는 ~이지만, ~은/는)」라는 문형을 사용한다. 앞 문장과 뒷 문장은 대비되는 일, 물건이나 반대되는 것이 제시되는 경우가 많다. "어제는 추웠지만, 오늘은 춥지 않다"고 어제와 오늘을 대비하고 있으므로 정답은 1번이 된다.

오답 2 に/に(~에~에) 3 も/も(~도~도) 4 を/を(~을/를, ~을/를)

빈출 より(~보다) | ~くて(~하고) | ~ では(~까지는) | ~でも(~해도)

어휘 少し(조금) | 寒い(춥다) | ~ですが(~입니다만)

---

8 정답 3

南町は、海が きれい（で）、静かです。

미나미마치는, 바다가 깨끗하 (고) 조용합니다.

문형 な형용사だ + で ~하고

해설 형용사, 동사를 나열할 때 사용하는 표현은 빈출 유형이니 잘 정리해 두자. な형용사를 2개이상 열거할 때는 な형용사의 기본형에서 だ를 없애고 で를 붙이면 된다. 따라서 정답은 3번이 된다. い형용사를 두 개 이상 열거할 때는 い형용사의 어미 い를 없애고 くて를 붙이면 된다.

い형용사	い형용사い + くて
な형용사	な형용사だ + で
명사	명사 + と、や + 명사

오답 1 も(~도) 2 や(~와/과) 4 と(~와/과)

빈출 ~けど(~이지만) | ~ですが(~입니다만) | でした(~이었습니다)

어휘 町(마을) | 海(바다) | きれい(깨끗한, 예쁜) | 静か(조용한)

9 정답 1

前川　「林さん、（ そこ ）に ある カメラは 林さんのですか。」
林　　「いいえ。田中さんのですよ。」

마에카와　"하야시 씨, (거기)에 있는 카메라는 하야시 씨 것입니까?"
하야시　　"아니요. 다나카 씨 것이에요"

문형 そこ 　거기

해설 지시어를 고르는 문제도 빈출 유형이니, 헷갈리지 않게 잘 정리해 두자.
일본어의 지시어는 화자와 거리가 가까운 경우(「こ」), 중간 거리일 경우(「そ」), 멀 경우(「あ」), 부정확할 경우(「ど」)로 나누어 쓴다. 여기에서는 문맥상 마에가와와 하야시의 중간 지점이라는 것을 알 수 있으므로 정답은 1번이 된다.

오답 2 どこ(어디)　3 その(그)　4 どの(어느)

빈출 どちら(어느 쪽) | なにで(무엇으로) | ここ(여기) | これ(이것) | だれ(누구)

어휘 ある(사물 등이 있다) | カメラ(카메라) | さん(~씨) | いいえ(아니요) | の(~의 것, 소유)

---

10 정답 2

A「先週　はじめて　スキーを　しました。」
B「そうですか。（ いかが ）でしたか。」
A「とても　楽しかったです。」

A　"지난 주 처음 스키를 탔습니다"
B　"그렇습니까? (어땠) 습니까?"
A　"매우 즐거웠습니다."

문형 いかが 　어떻게, 어떠한

해설 「いかが(어떠한)」는 상대의 의견이나 감상, 상황 등을 물을 때 사용하는 표현으로, 격식을 차린 장면이나 손 위 사람에게 주로 사용한다. 일상 회화에서 스스럼없이 대할 수 있는 상대에게는 주로 「どう(어떤)」를 사용한다. 상대가 "지난 주에 처음으로 스키를 탔다"고 하자, "스키는 어땠습니까?"라고 질문하고 있으므로 괄호 안에는 「いかが(어떠한)」가 들어가야 한다.

오답 1 いくつ(몇 살)　3 どなた(누구)　4 どちら(어느 쪽)

빈출 いくら(얼마) | いつ(언제) | もっと(더, 더욱) | どうして(왜, 어째서) | なぜ(왜) | どうやって(어떻게 해서)

어휘 先週(지난 주) | はじめて(처음) | スキー(스키) | そうですか(그렇습니까?) | いかが(어떻게, 어떠한) | とても(매우, 몹시) | 楽しい(즐겁다)

11 정답 4

森　「ケンさん、大学の　じゅぎょうは　始まりましたか。」
ケン　「いいえ、(**まだ**)です。来週　始まります。」

모리　"켄 씨, 대학 수업은 시작됐습니까?"
켄　"아니요. (아직) 입니다. 다음 주에 시작됩니다."

문형　まだ　아직

해설　「まだ(아직)」는 "동작이나 어떤 행위가 아직 끝나지 않았다"는 것을 나타내는 표현이다. 이에 반해 「もう(이미, 벌써)」는 "동작이나 어떤 행위가 완료"되었다는 것을 나타내는 표현이다. 시저를 나타내는 부사로, 자주 출제되니 사용법을 잘 기억해 두자. 모리 씨가 "대학교 수업은 시작되었습니까?"라고 묻자, 켄 씨가 "다음 주에 시작됩니다"라고 대답하고 있으므로, 아직 수업이 시작되지 않았다는 것을 알 수 있다. 따라서 정답은 4번이다.

오답　1 よく(자주)　2 もう(이미, 벌써)　3 ちょっと(조금, 잠깐)

빈출　ずっと(쭉, 계속) | ときどき(때때로, 종종) | ぜんぜん(전혀) | どうぞ(아무쪼록, 부디)

어휘　大学(대학) | じゅぎょう(수업) | 始まる(시작되다) | まだ(아직) | 来週(다음 주)

12 정답 3

(びょういんで)
いしゃ「今日から　一週間　薬を　飲んで、来週の　月曜日に　(**また**)　来て　ください。」

(병원에서)
의사 "오늘부터 일주일 약을 먹고, 다음 주 월요일에 (또) 와 주세요."

문형　また　또, 다시

해설　「また(또, 다시)」는 어떠한 일이 다시 한 번 반복되는 것을 나타내는 부사로, 뒤에 나오는 문장을 수식한다. 접속어와 비슷하게 사용되어 뒤에 다른 일이나 사건을 덧붙일 때도 사용된다. 의사가 「今日から　一週間　薬を　飲んで、来週の　月曜日に (　) 来て　ください。(오늘부터 일주일 약을 먹고, 다음 주 월요일에 (　) 와 주세요)」라고 말하고 있으므로, "병원에 오"는 행위가 반복되어야 한다는 것을 알 수 있다. 따라서 정답은 3번이 된다.

오답　1 たくさん(많은)　2 あまり(그다지, 별로)　4 だんだん(점점)

빈출　いろいろ(여러가지) | もう一度(다시 한 번) | ゆっくり(천천히) | たいへん(몹시) | まっすぐ(똑바로, 곧장)

어휘　びょういん(병원) | ~から(~에서, 부터) | 一週間(일주일) | 薬(약) | 飲む(마시다) | 月曜日(월요일) | また(또) | 来る(오다) | ~てください(~해 주세요)

| 13 | 정답 2 |

父は　毎朝　コーヒーを　(飲み)ながら　新聞を　読みます。

아빠는 매일 아침 커피를 (마시)면서, 신문을 읽습니다.

문형　동사 ます형　+　ながら　～하면서

해설　「동사 ます형 + ながら(～하면서)」는 "2가지 동작이나 행위를 동시에 행하"는 것을 나타내는 문형이다. '형용사와 명사의 기본형'이 앞에 오면, '～이지만'이라는 역접의 의미가 된다. 「飲む(마시다)」는 1그룹 동사로, ます형으로 바꾸면 「飲み」가 되므로, 정답은 2번이다.

오답　1 飲む(마시다)　3 飲んで(마시고)　4 飲んだ(마셨다)

빈출　～たい(～하고 싶다) | ～でしょう(～겠죠) | ～なければならない(～하지 않으면 안 된다) | ～ほうが　いい(～하는 편이 좋다) | ～ましょう(～합시다) | ～ませんか(～하지 않겠습니까?)

어휘　父(아빠) | 毎朝(매일 아침) | コーヒー(커피) | 飲む(마시다) | 新聞(신문) | 読む(읽다)

| 14 | 정답 4 |

私は　小さいとき、なっとうが　好き(じゃありません)でした。

나는 어렸을 때, 낫토를 좋아(하지 않았)습니다.

문형　な형용사だ　+　じゃありませんでした　～하지 않았습니다

해설　な형용사의 부정(정중)형을 만들 때는 な형용사의 だ를 없애고, じゃありません을 붙이면 된다.

	긍정	부정
현재·미래	な형용사だ+です	な형용사だ+じゃありません
과거	な형용사だ+でした	な형용사だ+じゃありませんでした

따라서, 정답은 4번이 된다.

오답　1 ない(없다)　2 じゃない(～가 아니다)　3 ありません(없습니다)

빈출　な형용사 だなN(명사 수식) | ～ないで(～하지 말고) | な형용사だ+から(～하니까)

어휘　小さい(작다, 어리다) | とき(～때) | なっとう(낫토) | ～が　好き(～를 좋아하는)

15 정답 3

(ケーキ屋で)
店の人 「いらっしゃいませ。」
山下 「すみません、いちごの ケーキを 二つ (ください)。」
店の人 「はい。ありがとうございます。８００円です。」

(케이크 가게에서)
가게 사람 "어서오세요"
야마시타 "죄송합니다(저기), 딸기 케이크를 2개 (주세요)"
가게 사람 "네. 감사합니다. 800엔입니다"

문형 명사 (+ を) + ください ~주세요

해설 「명사 + を + ください」는 상대에게 '명사'를 주도록 요구할 때 사용하는 표현이다. 선생님이 학생에게, 가게에서 손님이 점원에게 등, 주로 대상이 자신과 동등하거나 낮은 입장인 사람에게 사용한다. 화자에게 있어서 이익이 되는 것을 상대에게 정중하게 요구할 때는 「명사 + を + くださいませんか(~을 주시지 않겠습니까?)」를 사용한다. 손님이 점원에게 "케이크를 2개 주세요"라고 요구하는 상황이므로 정답은 3번이 된다.

오답 1 ありますか(있습니까) 2 どうぞ(부디, 아무쪼록) 4 ~ほしいですか(갖고 싶습니까)

빈출 もらう(받다) | ~んですか(~인 것입니까) | ~をくださいませんか(~을 주시지 않겠습니까?) | くれる(남이 나에게 주다) | あげる(주다)

어휘 ケーキ屋(케이크 가게) | いらっしゃいませ(어서오세요) | すみません(죄송합니다) | いちご(딸기) | ケーキ(케이크) | 二つ(두 개) | ください(주세요) | ありがとうございます(감사합니다)

16 정답 1

> リー 「日曜日に、私の 家で アンさんと べんきょうを します。キムさんも（来ませんか）。」
> キム 「あ、行きたいです。」
>
> 리 "일요일에 나의 집에서 안 씨와 공부를 합니다. 김 씨도 (오지 않을래요?)"
> 김 "어! 가고 싶어요."

문형 동사 ます형 + ませんか ~하지 않겠습니까?

해설 「동사 ます형 + ませんか(~하지 않겠습니까?)」는 "화자가 상대에게 화자와 같은 일을 하도록 권유하거나, 상대에게 어떤 행동이나 동작을 하도록 제안할 때" 사용한다. 상대의 의향을 물어 보면서, "그렇게 해 주면 좋을 것 같다"는 화자의 희망을 제안하는 표현으로, 적극적인 권유의 의미를 나타낸다. 리 씨는 김 씨에게 "일요일에 집에 와서 같이 공부하지 않겠냐"며 권유하고 있다. 따라서 정답은 1번이 된다.

오답 2 来て いますか(와 있습니까?) 3 来ませんでしたか(오지 않았습니까?) 4 来て いましたか(와 있었습니까?)

빈출 お願いします(부탁합니다) | して ください(~해 주세요) | ~ましょうか(~할까요?) | ~ている(~하고 있다)

어휘 日曜日(일요일) | 家(집) | べんきょう(공부) | 来る(오다) | 行く(가다)

もんだい2	＿★＿に 入る ものは どれですか。1・2・3・4から いちばん いい ものを 一つ えらんで ください。
문제2	＿★＿에 들어갈 것은 어느 것입니까? 1・2・3・4에서 가장 좋은 것을 하나 골라 주세요.

예 정답 4 (3 - 2 - 4 - 1)

A 「 __3. あの 人__　__2. は__　__4.★ だれ__　__1. です__　か。」
B 「山田さんです」

A " __3. 저 사람__　__2. 은__　__4.★ 누구__　__1. 입니__　까."
B "야마다 씨입니다."

해설 문장 만들기 파트에서는 우선 접속 형태를 확인하여 꼭 이어져야 하는 조합이 있는지 확인한 뒤, 문장의 흐름상 가장 자연스럽게 이어지는 내용을 찾아야 한다. JLPT N5 문장 만들기 에서는 조사 등의 사용법을 이해하고 있는지를 묻는 문제가 많이 출제된다. 우선 B가 "야마다 씨입니다"라고 대답하고 있으므로 A는 "저 사람은 누구입니까?"라고 질문하고 있다는 것을 유추해 낼 수 있다. 또한 「だれ(누구)」는 의문사로, 의문의 표현(「か」)과 함께 쓰여야 하는데, 「か」 앞에는 보통형이 와야 하므로 4번과 1번이 연결된다는 것을 알 수 있다. 따라서 올바르게 배열하면 3 - 2 - 4 - 1이 되고 정답은 4번이 된다.

어휘 あの(저) | 人(사람) | だれ(누구)

17 정답 4 (2 - 4 - 3 - 1)

(タクシーの中で)
A 「すみません、つぎの　__2. しんごう__　__4.★ を__　__3. 右__　__1. に__　まがって ください。」
B 「はい、わかりました。」

A "죄송합니다, 다음　__2. 신호__　__4.★ 를__　__3. 오른쪽__　__1. 으로__　돌아 주세요"
B "네, 알겠습니다."

해설 「(방향을 나타내는 명사) + にまがる」는 '~쪽으로 돌다'는 의미로, 앞에는 방향을 나타내는 명사가 와야 하므로, 3번과 1번이 연결된다는 것을 알 수 있다. 또한 「を」 앞에도 명사가 와야 하는데, 문맥상 "다음 신호를 오른쪽으로"라고 이어져야 자연스러우므로, 올바르게 배열하면 2 - 4 - 3 - 1이 되고 정답은 4번이 된다.

어휘 タクシー(택시) | 中(안, 속) | つぎ(다음) | しんごう(신호) | 右(오른 쪽) | ~にまがる(~으로 돌다, 구부러지다) | わかる (알다)

18 정답 2 (1 - 3 - 2 - 4)

私は 日曜日に 兄　_1. の_　_3. 子ども_　_2. ★ と_　_4. いっしょに_　出かけました。

나는 일요일에 형(오빠)　_1. 의_　_3. 아이_　_2. ★ 와_　_4. 함께_　외출했습니다.

해설 「の」는 명사와 명사를 이어주는 역할을 하므로 1번과 3번이 연결된다는 것을 알 수 있다. 또한 「명사 + と」는 "함께 동작이나 행동을 한 대상"을 나타내므로, 3번과 2번을 연결할 수 있다. 문맥의 흐름상, "일요일에 형의 아이(자녀)와 함께 외출했다"고 이어져야 자연스러우므로 올바르게 배열하면 1 - 3 - 2 - 4가 되고 정답은 2번이 된다.

어휘 兄(형, 오빠) | 子ども(아이, 자녀) | いっしょに(함께) | 出かける(외출하다)

---

19 정답 3 (4 - 1 - 3 - 2)

きのう 買った おかしは　_4. まるくて_　_1. 色_　_3. ★ が_　_2. きれい_　でした。

어제 산 과자는　_4. 둥글고_　_1. 색_　_3. ★ 이_　_2. 예뻤_　습니다.

해설 「い형용사い + くて」는 두 개 이상의 명사나 형용사를 연결할 때 사용하므로, 「まるくて」 뒤에는 「色」 또는 「きれい」가 올 수 있는데, 「きれい」는 な형용사이므로 뒤에 「が」나 「色」가 접속할 수 없다. 따라서, 4번과 1번이 연결된다는 것을 알 수 있다. 문맥의 흐름상 "둥글고 색이 예뻤다"고 이어져야 자연스러우므로, 올바르게 배열하면 4 - 1 - 3 - 2가 되고, 정답은 3번이 된다.

어휘 きのう(어제) | 買う(사다) | おかし(과자) | まるい(둥글다) | 色(색) | きれい(예쁜, 깨끗한)

---

20 정답 2 (3 - 1 - 2 - 4)

駅の　_3. 近く_　_1. に_　_2. ★ ある_　_4. 本屋_　で ざっしを 買いました。

역　_3. 근처_　_1. 에_　_2. ★ 있는_　_4. 서점_　에서 잡지를 샀습니다.

해설 우선, 「명사 + で ざっしを 買いました(~에서 잡지를 샀습니다)」 앞에는 장소를 나타내는 명사가 와야 하는데, 문맥의 흐름상 "역 근처에 있는 서점에서 잡지를 샀다"라고 이어져야 자연스러우므로 올바르게 배열하면 3 - 1 - 2 - 4가 되고, 정답은 2번이 된다. 「近く(근처, 가까운 곳)」가 명사라는 점에 주의하자.

어휘 駅(역) | 近く(근처, 가까운 곳) | 本屋(책방, 서점) | ざっし(잡지) | 買う(사다)

21 정답 1 (2 – 4 – 1 – 3)

先週　_2. ともだち_　_4. に_　_1. ★ もらった_　_3. 外国_　の　こうちゃは　とても　おいしかったです。

지난 주　_2. 친구_　_4. 에게_　_1. ★ 받은_　_3. 외국_　홍차는 매우 맛있었습니다.

해설 「동작의 대상(사람을 나타내는 명사) + に + もらう」는 "~에게 ~을 받다"는 의미를 나타내는 문형이므로, 2번 – 4번 – 1번이 연결된다는 것을 알 수 있다. 또한, 명사와 명사가 이어지려면 「の」가 필요하므로, 3번은 제일 마지막에 와야 한다. 따라서, 올바르게 배열하면 2 – 4 – 1 – 3이 되고, 정답은 1번이 된다.

어휘 先週(지난 주) | ともだち(친구) | もらう(받다) | 外国(외국) | こうちゃ(홍차) | とても(매우) | おいしい(맛있다)

もんだい3 / 문제3	22 から 26 に 何を 入れますか。 ぶんしょうの いみを かんがえて 1・2・3・4から いちばん いい ものを 一つ えらんで ください。 22 에서 26 에 무엇을 넣습니까? 문장의 의미를 생각해서 1·2·3·4에서 가장 좋은 것을 하나 고르시오.

ニンさんと メイさんは 「私の 好きな 飲み物」の さくぶんを 書いて、クラスの みんなの 前で 読みます。	닌 씨와 메이 씨는 "내가 좋아하는 음료"의 작문을 써서, 반의 모두 앞에서 읽습니다.
(1) ニンさんの さくぶん	(1) 닌 씨의 작문
私の 好きな 飲み物は くだものの ジュースです。大好きな ジュースは すいか ジュースです。私の 国は いろいろな 店に あります。 22 でも、日本では 売って いる 店を 知りません。日本で 好きな ジュースは りんごジュースです。毎日 飲みます。みなさんは 何の ジュースが 好きですか。好きな ジュースを 23 教えて ください。	내가 좋아하는 음료는 과일 주스입니다. 아주 좋아하는 주스는 수박 주스입니다. 저의 나라에서는 여러 가게에 있습니다. 22 하지만, 일본에서는 팔고 있는 가게를 모릅니다. 일본에서 좋아하는 주스는 사과 주스입니다. 매일 마십니다. 여러분은 무슨 주스를 좋아합니까? 좋아하는 주스를 23 가르쳐 주세요.
(2) メイさんの さくぶん	(2) 메이 씨의 작문
私は きっさてんで 飲む コーヒーが 大好きです。先週も きっさてんで おいしい コーヒーを 飲みました。先週の 土曜日は いい 天気でした。昼に 買い物を してから、きっさてんに 24 入りました。名前は 「はな」です。「はな」 25 の コーヒーは 安かったです。私は 2はい 飲みました。来週も 「はな」に コーヒーを 26 飲みに 行きます。	나는 커피숍에서 마시는 커피를 아주 좋아합니다. 지난 주에도 커피숍에서 맛있는 커피를 마셨습니다. 지난 주 토요일은 날씨가 좋았습니다. 낮에 쇼핑을 하고 나서, 커피숍에 24 들어갔습니다. 이름은 '하나'입니다. '하나' 25 의 커피는 쌌습니다. 나는 2잔 마셨습니다. 다음 주도 '하나'에 커피를 26 마시러 갑니다.

어휘 好き(좋아하는) | 飲み物(음료) | くだもの(과일) | ジュース(주스) | 大好き(아주 좋아하는) | すいか(수박) | 国(고향, 나라, 모국) | いろいろ(여러가지) | 店(가게) | ある(있다) | 日本(일본) | 売る(팔다) | 知る(알다) | りんご(사과) | 毎日(매일) | 飲む(마시다) | みなさん(여러분) | 何の(무슨) | 教える(가르치다) | きっさてん(커피숍) | コーヒー(커피) | 先週(지난 주) | おいしい(맛있다) | 土曜日(토요일) | いい(좋다) | 天気(날씨) | 昼(낮) | 買い物(쇼핑) | 名前(이름) | 安い(싸다) | はい(~잔) | 来週(다음 주) | 行く(가다)

22 정답 2

1. だから	1. 그러니까
2. でも	**2. 하지만**
3. いつも	3. 언제나
4. もっと	4. 더욱

해설 접속 표현을 고르는 문제는 앞 문장과 뒷 문장의 흐름을 잘 파악하여, 내용의 흐름에 어색하지 않은 것을 골라야 한다. (1)번 문장에서 필자는 "모국에서는 여러 가게에 있다"고 한 뒤, "일본에서는 팔고 있는 가게를 모른다"고 했으므로, 상반되는 이야기가 나와, 역접의 접속사가 들어가야 하고, 정답은 2번이 된다.

23 정답 1

1. 教えて ください	**1. 가르쳐 주세요**
2. 教えたいです	2. 가르치고 싶습니다
3. 教えますよ	3. 가르쳐요
4. 教えて います	4. 가르치고 있습니다

해설 「みなさんは 何の ジュースが 好きですか(여러분은 어떤 주스를 좋아합니까?)」 뒤에 이어져야 하므로, 도두에게 "알려 달라"고 부탁하는 문장이 이어져야 한다는 것을 알 수 있다. 따라서 정답은 1번이 된다. 2번, 3번, 4번은 모두 필자가 상대에게 "알려주고 싶다"는 의지를 나타내고 있는 문장이므로, 사용할 수 없다.

24 정답 4

1. 入るからです	1. 들어가기 때문입니다
2. 入ったからです	2. 들어갔기 때문입니다
3. 入ります	3. 들어갑니다
4. 入りました	**4. 들어갔습니다**

해설 (2)번 문장에서 메이 씨는 "지난 주 토요일" 즉, 과거의 일에 대해 설명하고 있으므로, 현재 또는 미래 시제인 1번과 3번은 사용할 수 없다. 또한, 「からです(~기 때문입니다)」는 결과에 대하여 원인이나 이유를 나타내는 표현인데, 문맥의 흐름상, 지난 주 토요일에 있었던 일을 시간 순서대로 설명하고 있는 문맥이므로, 2번도 들어갈 수 없다. 필자는 "지난 주 토요일에 쇼핑을 하고 나서, 커피숍에 갔다"고 이야기 하고 있으므로 정답은 4번이 된다.

25 정답 3	
1. から	1 이기 때문에
2. と	2. 와
3. の	3. 의
4. より	4. 보다

해설 　일본어에서는 명사와 명사 사이에는 「の」가 들어가야 하는데, 「はな(가게 이름, 고유 명사)」와 「コーヒー(커피)」 모두 명사이므로 정답은 3번이 된다.

26 정답 3	
1. 飲んで 行きます	1. 마시고 갑니다
2. 飲んで 来ます	2. 마시고 옵니다
3. 飲みに 行きます	3. 마시러 갑니다
4. 飲みに 来ます	4. 마시러 옵니다

해설 　「동사 ます형 + に行く(~하러 가다)」는 "그 장소에 가는 목적"을 나타내는 표현이다. 필자는 "다음 주에도 커피를 마시러 가겠다"고 목적, 의지를 제시하고 있으므로, 3번 "마시러 갑니다"가 와야 자연스럽게 이어진다. 따라서 정답은 3번이 된다.

2교시 독해

もんだい4 / 문제4

つぎの (1)から(3)のぶんしょうを 読んで、しつもんに こたえて ください。こたえは、1・2・3・4から いちばん いい ものを 一つ えらんで ください。

다음 (1)에서 (3)의 문장을 읽고, 질문에 답해 주세요. 답은 1・2・3・4에서 가장 좋은 것을 하나 골라 주세요.

(1) 정답 3

わたしは 毎朝 ご飯と なっとうか、パンと たまごを 食べて、学校へ 行きます。でも、けさは なにも 食べませんでした。バナナを 学校へ 持っていきました。起きた 時間が おそかったからです。	나는 매일 아침 밥과 낫토나, 빵과 달걀을 먹고, 학교에 갑니다. 하지만, 오늘 아침은 아무 것도 먹지 않았습니다. 바나나를 학교에 가지고 갔습니다. 일어난 시간이 늦었기 때문입니다.
27 けさ 「わたし」は 学校へ 行く 前に、何を 食べましたか。	27 오늘 아침 '나'는 학교에 가기 전에, 무엇을 먹었습니까?
1. ご飯と なっとうを 食べました。 2. パンと たまごを 食べました。 3. なにも 食べませんでした。 4. バナナを 食べました。	1. 밥과 낫토를 먹었습니다. 2. 빵과 달걀을 먹었습니다. 3. 아무것도 먹지 않았습니다. 4. 바나나를 먹었습니다.

어휘 毎朝(매일 아침) | ご飯(밥) | なっとう(낫토) | パン(빵) | たまご(달걀) | 食べる(먹다) | 学校(학교) | 行く(가다) | でも(하지만) | けさ(오늘 아침) | なにも(아무것도) | バナナ(바나나) | 持つ(갖다, 들다) | 起きる(일어나다) | 時間(시간) | おそい(늦다) | ~から(~기 때문에)

해설 JLPT N5의 단문 파트에서는 본문과 거의 비슷한 문장이 정답으로 선택지에 나오는 경우가 많으므로, 먼저 질문문과 선탁지를 체크한 뒤, 본문을 읽으면 문제 푸는 시간을 절약할 수 있다. 또한, 이유나 목적을 묻는 문제가 많이 출제되므로, 순접의 표현이나 역접의 표현이 나오는 문장을 주의 깊게 읽도록 하면 좋다. 내가 학교 가기 전에 먹은 것을 찾는 문제인데, 필자는 평소에는 밥이나 빵을 먹지만, 오늘은 늦게 일어나서 아무것도 먹지 못했다고 했으므로 정답은 3번이다.

(2) 정답 2

(<ruby>大学<rt>だいがく</rt></ruby>で) <ruby>学生<rt>がくせい</rt></ruby>が　この　<ruby>紙<rt>かみ</rt></ruby>を　<ruby>見<rt>み</rt></ruby>ました。	(대학에서) 학생이 이 종이를 봤습니다.
「<ruby>日本語<rt>にほんご</rt></ruby>1」と「<ruby>日本語<rt>にほんご</rt></ruby>2」のクラスのみなさんへ <ruby>今日<rt>きょう</rt></ruby> <ruby>出川先生<rt>でがわせんせい</rt></ruby>は　お<ruby>昼<rt>ひる</rt></ruby>まで　お<ruby>休<rt>やす</rt></ruby>みです。<ruby>午前<rt>ごぜん</rt></ruby>の　「<ruby>日本語<rt>にほんご</rt></ruby>1」のクラスは　ありません。<ruby>午後<rt>ごご</rt></ruby>の　「<ruby>日本語<rt>にほんご</rt></ruby>2」のクラスは　あります。 ・「<ruby>日本語<rt>にほんご</rt></ruby>1」の　しゅくだいは　<ruby>来週<rt>らいしゅう</rt></ruby>　<ruby>出<rt>だ</rt></ruby>して　ください。 　　　　　　　　２０１６<ruby>年<rt>ねん</rt></ruby>１２<ruby>月<rt>がつ</rt></ruby>２<ruby>日<rt>ふつか</rt></ruby>　<ruby>高見大学<rt>たかみだいがく</rt></ruby>	<일본어1>과 <일본어2> 클래스 여러분에게 오늘 데가와 선생님은 점심까지 쉽니다. 오전 <일본어1> 클래스는 없습니다. 오후 <일본어2> 클래스는 있습니다. ・<일본어1> 숙제는 다음 주에 내 주세요. 　　　　　　　　2016년 12월 2일 다카미 대학교
[28] <ruby>大学<rt>だいがく</rt></ruby>は　「<ruby>日本語<rt>にほんご</rt></ruby>1」の　クラスの　<ruby>学生<rt>がくせい</rt></ruby>に　<ruby>何<rt>なに</rt></ruby>が<ruby>言<rt>い</rt></ruby>いたいですか。	[28] 대학은 <일본어1> 클래스 학생에게 무엇을 말하고 싶습니까?
1. <ruby>今日<rt>きょう</rt></ruby>　クラスは　ありません。しゅくだいは　<ruby>午後<rt>ごご</rt></ruby>　<ruby>出<rt>だ</rt></ruby>して　ください。 2. <ruby>今日<rt>きょう</rt></ruby>　クラスは　ありません。しゅくだいは　<ruby>来週<rt>らいしゅう</rt></ruby>　<ruby>出<rt>だ</rt></ruby>して　ください。 3. <ruby>今日<rt>きょう</rt></ruby>　クラスが　ありますが、しゅくだいは　<ruby>来週<rt>らいしゅう</rt></ruby>　<ruby>出<rt>だ</rt></ruby>して　ください。 4. <ruby>今日<rt>きょう</rt></ruby>　クラスが　ありますから、しゅくだいを　<ruby>出<rt>だ</rt></ruby>して　ください。	1. 오늘 클래스는 없습니다. 숙제는 오후에 내 주세요. 2. 오늘 클래스는 없습니다. 숙제는 다음 주에 내 주세요. 3. 오늘 클래스가 있습니다만, 숙제는 다음 주에 내 주세요. 4. 오늘 클래스가 있기 때문에 숙제를 내 주세요.

어휘 大学(대학교) | 学生(학생) | 紙(종이) | 見る(보다) | 日本語(일본어) | 今日(오늘) | 先生(선생님) | 昼(낮, 점심) | 休み(쉼, 휴가, 휴일) | 午前(오전) | クラス(클래스, 반) | 午後(오후) | しゅくだい(숙제) | 来週(다음 주) | 出す(내다, 제출하다)

해설 알림이나 공지문의 내용을 파악하는 문제에서는 질문에서 본문 중에 무엇을 찾아야 하는지 키워드를 먼저 파악해 두면 좋다. 여기에서는 <일본어1>에 관한 내용을 묻는 문제이므로, 이 부분에 주의하며 읽어 나가자. <일본어1>의 오전 수업은 휴강이며, 숙제는 다음 주에 제출하라고 했으므로 정답은 2번이다. 오전 수업인 <일본어1> 수업은 없다고 했으므로, 먼저 3번과 4번을 소거해 두면 좋다.

(3) 정답 1

（会社で） ボゴさんの 机の 上に、 この メモと にもつが あります。	(회사에서) 보코 씨의 책상 위에, 이 메모와 짐이 있습니다.
ボコさん １０時ごろ ゆうびんきょくの 人が この にもつを とりに 来ますから、にもつと お金を わたして ください。お金は 中西さんが 持って います。ゆうびんきょくの 人が 来る 前に もらいに 行って ください。 よろしく おねがいします。 　　　　　　　　　　　　　　　　多田 　　　　　　　　　　１１月３０日　９：３０	보코 씨 10시 무렵 우체국 사람이 이 짐을 가지러 오기 때문에, 짐과 돈을 건네 주세요. 돈은 나카니시 씨가 갖고 있습니다. 우체국 사람이 오기 전에 받으러 와 주세요. 잘 부탁드립니다. 　　　　　　　　　　　　다다 　　　　　　　　11월 30일 9：30
29　このメモを 読んで、ボコさんは はじめに 何を しますか。	29　이 메모를 읽고, 보코 씨는 처음에 무엇을 합니까?
1. 中西さんに お金を もらいます。 2. 中西さんに にもつと お金を わたします。 3. ゆうびんきょくの 人に にもつを もらいます。 4. ゆうびんきょくの 人に にもつと お金を わたします。	1. 나카니시 씨에게 돈을 받습니다. 2. 나카니시 씨에게 짐과 돈을 건넵니다. 3. 우체국 사람에게 짐을 받습니다. 4. 우체국 사람에게 짐과 돈을 건넵니다.

어휘 会社(회사) | 机(책상) | 上(위) | メモ(메모) | にもつ(짐) | 時(~시) | ごろ(~무렵, 즈음,경) | ゆうびんきょく(우체국) | 人(사람) | とりに来る(가지러 오다) | お金(돈) | わたす(건네다) | 동사 기본형 + 前に(~하기 전에) | もらう(받다) | よろしく(잘) | おねがいします(부탁합니다) | 知らせる(알리다)

해설 "먼저 무엇을 해야 하는가" 등의 순서를 묻는 문제에서는, 본문을 읽으며, 해야 하는 일의 순서를 정리해 나가며 읽으면 좋다. 다다 씨는 보코 씨에게, 10시에 우체국에서 오기 때문에, 그 전에 나카니시 씨에게 가서 돈을 받은 뒤, 우체국 사람에게 짐과 돈을 건네 달라고 했으므로, 정답은 1번이 된다.

もんだい5	つぎの　ぶんしょうを　読んで、　しつもんに　こたえて　ください。　こたえは、1・2・3・4から　いちばん　いい　ものを　一つ　えらんで　ください。
문제5	다음 문장을 읽고, 질문에 답해 주세요. 답은 1・2・3・4에서 가장 좋은 것을 하나 골라 주세요.

これは　チンさんが　書いた　さくぶんです。	이것은 친 씨가 쓴 작문입니다.

まちがえました

チン・シュン

わたしは　きのうの　日曜日、　友だちと　サッカーを　しました。　朝から　ゆうがたまで　しましたから、とても　つかれました。　ゆうべは　ばんご飯を　食べた　あとで、すぐに　ねました。ですから、今日の　かんじテストの　べんきょうが　できませんでした。

けさは　5時に　起きました。シャワーを　あびて、朝ご飯を　食べました。① 30 　それから、すぐ　かんじの　テキストの　41ページから　60ページまで　べんきょうしました。それから　学校へ　行きました。　とても　いそがしい　朝でした。

しかし、きょうしつで　かんじを　べんきょうしている　人は　いませんでした。まちがえました。② 31 　テストは　今日ではなくて、あしたでした。

착각했습니다

친・슌

나는 어제인 일요일, 친구와 축구를 했습니다. 아침부터 저녁까지 했기 때문에, 매우 지쳤습니다. 어제 저녁은 저녁밥을 먹은 후에 바로 잤습니다. 그러니까, 오늘 한자 시험 공부를 할 수 없었습니다.

오늘 아침은 5시에 일어났습니다. 샤워를 하고, 아침밥을 먹었습니다. ① 30 　그리고 나서, 바로 한자 교과서 41페이지에서 60페이지까지 공부했습니다. 그리고 학교에 갔습니다. 너무 바쁜 아침이었습니다.

하지만, 교실에서 한자를 공부하고 있는 사람은 없었습니다. 착각했습니다. ② 31 　시험은 오늘이 아니고, 내일이었습니다.

어휘 書く(쓰다) | さくぶん(작문) | きのう(어제) | 日曜日(일요일) | 友だち(친구) | サッカー(축구) | 朝(아침) | ゆうがた(저녁) | とても(매우, 몹시) | つかれる(지치다) | ゆうべ(어제 저녁) | ばんご飯(저녁밥) | 동사 た형 + あとで(~한 후에) | すぐに(바로, 곧) | ねる(자다) | かんじ(한자) | テスト(시험) | べんきょう(공부) | シャワーをあびる(샤워를 하다) | テキスト(교재, 교과서) | ページ(페이지) | いそがしい(바쁘다) | しかし(하지만) | きょうしつ(교실) | まちがえる(틀리다, 착각하다) | あした(내일)

30 정답 2

どうして①けさは 5時に 起きましたか。	왜 ①오늘 아침은 5시에 일어났습니까?
1. 朝から ゆうがたまで サッカーを したかったから	1. 아침부터 저녁까지 축구를 하고 싶었기 때문에
2. かんじテストの べんきょうが したかったから	2. 한자 시험의 공부를 하고 싶었기 때문에
3. シャワーを あびて、朝ご飯を 食べたかったから	3. 샤워를 하고, 아침을 먹고 싶었기 때문에
4. 学校へ 行って、べんきょうが したかったから	4. 학교에 가서, 공부를 하고 싶었기 때문에

해설 필자는 어제 아침부터 저녁까지 축구를 해서 지쳤기 때문에 한자 공부를 하지 못해서, 오늘은 아침 일찍 일어나 한자 공부를 했다고 설명하고 있다. 따라서, 정답은 2번이다.

31 정답 3

チンさんは 何を ②まちがえましたか。	친 씨는 무엇을 ②착각했습니까?
1. かんじの テキスト	1. 한자 교과서
2. かんじの テキストの ページ	2. 한자 교과서의 페이지
3. かんじの テストが ある 日	3. 한자 시험이 있는 날
4. かんじの テストを する きょうしつ	4. 한자 시험을 보는 교실

해설 마지막 단락에서 친 씨가 교실에 가니, 한자 공부를 하는 사람은 아무도 없었고, 한자 시험은 내일이었다고 설명하고 있다. 따라서, 친 씨가 착각한 것은 한자 시험을 보는 날이고, 정답은 3번이다.

もんだい6 / 문제6

右の ページを 見て 下のしつもんに こたえて ください。こたえは、1・2・3・4から いちばん いい ものを 一つ えらんで ください。

오른 쪽 페이지를 보고 아래의 질문에 답해 주세요. 답은 1・2・3・4에서 가장 좋은 것을 하나 골라 주세요.

高木大学に 来たい 人へ / 다카기 대학에 오고 싶은 사람에게

① かかる 時間 : 46分
　かかる お金 : 300円

寺西駅 バスてい 1ばん ― バス 45分 ― バスてい「高木大学前」― 歩く 1分 ― 高木大学

① 걸리는 시간 : 46분
　걸리는 돈 : 300엔

데라니시역 버스정류장 1번 ― 버스 45분 ― 버스정류장「다카기 대학앞」― 걷는다 1분 ― 다카기 대학

② かかる 時間 : 30分
　かかる お金 : 550円

花田駅 ― 電車 25分 ― 水村駅 ― 歩く 5分 ― 高木大学

② 걸리는 시간 : 30분
　걸리는 돈 : 550엔

하나다역 ― 전차 25분 ― 미즈무라역 ― 걷는다 5분 ― 다카기 대학

③ かかる 時間 : 40分
　かかる お金 : 450円

花田駅 ― ちかてつ 30分 ― 木山駅 ― 歩く 10分 ― 高木大学

③ 걸리는 시간 : 40분
　걸리는 돈 : 450엔

하나다역 ― 지하철 30분 ― 기야마역 ― 걷는다 10분 ― 다카기 대학

④ かかる 時間 : 35分
　かかる お金 : 430円

糸川駅 ― 電車 25分 ― 木山駅 ― 歩く 10分 ― 高木大学

④ 걸리는 시간 : 35분
　걸리는 돈 : 430엔

이토가와역 ― 전차 25분 ― 기야마역 ― 걷는다 10분 ― 다카기 대학

어휘 ～たい(～하고 싶다) | 人(사람) | たかる(걸리다) | 分(분) | バス(버스) | 歩く(걷는다) | 電車(전차) | ちかてつ(지하철) | 乗る(타다) | ～まで(～까지) | みじかい(짧다) | ～ほうがいい(～하는 편이 좋다) | 行き方(가는 법)

32 정답 4

パブロさんは 高木大学に 行きたいです。花田駅か 糸川駅から 乗ります。駅から 大学まで かかる お金は 500円までで、時間は みじかい ほうが いいです。パブロさんは どの 行き方で 行きますか。	파부로 씨는 다카기 대학교에 가고 싶습니다. 하나다역이나 이토가와역에서 탑니다. 역에서 대학교까지 걸리는 돈은 500엔까지로, 시간은 짧은 편이 좋습니다. 파부로 씨는 어느 가는 법으로 갑니까?
1. ① 2. ② 3. ③ 4. ④	1. ① 2. ② 3. ③ 4. ④

해설 정보검색 파트에서는 주어진 조건을 조합해 나가며, 해당하지 않는 것을 먼저 소거해 나가는 것이 포인트이다. 이 때, 선택지에 없는 번호는 확인하지 않아도 상관없다. 파브로 씨는 다카기 대학교에 가려고 하는데, 조건은 "1) 하나다 역이나 이토카오- 역에서 승차 2) 교통비는 500엔까지, 3) 시간은 짧은 편이 좋다"의 3가지이다. 우선, ①번은 데라니시 역에서 승차하는 루트이므로 소거할 수 있고, ②번은 교통비가 550엔이므로 소거할 수 있다. 나머지는 ③과 ④인데, ③은 총 40분 걸리고, ④는 총 35분이 소요되므로 정답은 4번이 된다.

3교시 청해

p45

もんだい1 / 문제1

もんだい1では、はじめに しつもんを きいて ください。それから はなしを きいて、もんだいようしの 1から4の なかから、いちばん いい ものを ひとつ えらんで ください。

문제 1에서는 처음에 질문을 들어주세요. 그리고 나서 이야기를 듣고 문제 용지의 1에서 4 중에서, 가장 좋은 것을 하나 골라주세요.

(M 남성 | F 여성)

예 정답 3

| クラスで先生が話しています。学生は、今日うちで、どこを勉強しますか。 | 반에서 선생님이 이야기하고 있습니다. 학생은 오늘 집에서 어디를 공부합니까? |

1
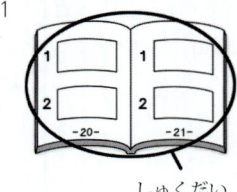
しゅくだい

2
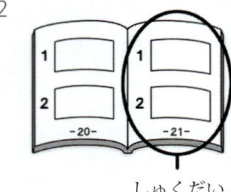
しゅくだい

3
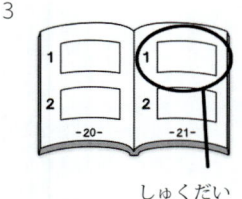
しゅくだい

4
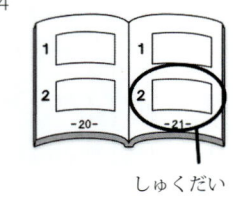
しゅくだい

| F：では、今日は20ページまで終わりましたから、21ページは宿題ですね。
M：全部ですか。
F：いえ、21ページの1番です。2番は、クラスでします。 | F：그러면, 오늘은 20페이지까지 끝났으니까, 21페이지는 숙제예요.
M：전부입니까?
F：아뇨, 21페이지 1번입니다. 2번은 반에서 합니다. |
| 学生は、今日うちで、どこを勉強しますか。 | 학생은 오늘 집에서 어디를 공부합니까? |

어휘 クラス(클래스, 반) | 先生(선생님) | 話す(이야기하다) | 学生(학생) | 今日(오늘) | うち(집) | どこ(어디) | 勉強(공부) | ページ(페이지) | では(그러면) | 終わる(끝나다) | 宿題(숙제) | 全部(전부) | いえ(아니요) | 番(~번)

해설 JLPT N5 레벨 과제이해 파트에서는 기본적인 숫자나 방향, 그 외 일상 생활에서 꼭 필요한 어휘 등을 이해하고 있는지를 묻는 문제가 출제된다. JLPT N5에서는 특히 비슷한 유형의 문제가 반복적으로 출제되는 경우가 많으니 과거 출제된 문제를 중심으로

반복해서 들으며 대비하는 것이 좋다

선생님이 학생에게 숙제를 내 주고 있는데, 오늘 20페이지까지 끝났으며, 21페이지가 숙제라고 하였다. 따라서 1번은 소거 가능하다. 학생이 21페이지가 전부 다 숙제인지 질문하자, 1번만 숙제라고 하였으므로, 정답은 3번이 된다.

1번 정답 3

男の人と女の人が話しています。男の人はどこへ行きますか。	남자와 여자가 이야기하고 있습니다. 남자는 어디에 갑니까?

| M:すみません、喫茶店「みどり」はどこですか。
F:喫茶店「みどり」ですね。あそこに交差点がありますね。
M:はい。
F:あの交差点を左に曲がってください。道の左側に銀行があります。喫茶店「みどり」は銀行のとなりですよ。
M:分かりました。ありがとうございます。 | M:죄송합니다. 커피숍 '미도리'는 어디입니까?
F:커피숍 '미도리'요? 저기에 교차로가 있죠?
M:네.
F:저 교차로를 왼쪽으로 돌아주세요. 길 왼쪽에 은행이 있습니다. 커피숍 '미도리'는 은행 옆입니다.
M:알겠습니다. 감사합니다. |
| 男の人はどこへ行きますか。 | 남자는 어디에 갔습니까? |

어휘 男(남자) | 人(사람) | 女(여자) | どこ(어디) | 行く(가다) | すみません(죄송합니다) | 喫茶店(커피숍) | あそこ(저기) | 交差点(교차로) | 左(왼쪽) | 曲がる(구부러지다, 돌다) | 道(길) | 側(~쪽, ~측) | 銀行(은행) | となり(옆) | 分かる(알다) | ありがとうございます(감사합니다)

해설 방향을 나타내는 단어와 「となり(옆, 곁)」, 위, 아래, 오른쪽, 왼쪽 등의 위치를 나타내는 단어를 이용한 길 찾기 문제도 반드시 출제되는 문제 중 하나이니, 관련 어휘를 꼼꼼히 정리해 두면 좋다. 남자는 '미도리'라는 커피숍에 가는데, 교차로를 왼쪽으로 돌아야 한다고 했으므로, 우선 2번과 4번은 소거할 수 있다. 또한, 커피숍 '미도리'는 은행 옆에 있다고 했으므로 정답은 3번이 된다.

2번 정답 1

会社で女の人と男の人が話しています。男の人はどの雑誌を女の人に渡しますか。	회사에서 여자와 남자가 이야기하고 있습니다. 남자는 어느 잡지를 여자에게 건넵니까?

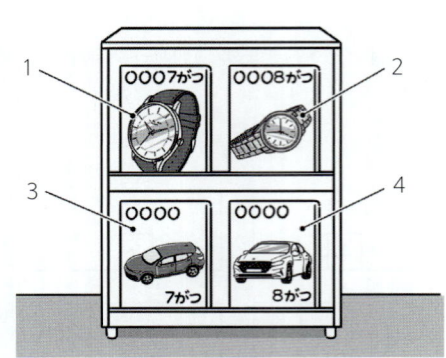

F：木村さん、すみません、木村さんの後ろにある雑誌を取ってください。	F：기무라 씨, 죄송합니다. 기무라 씨 뒤에 있는 잡지를 가져와 주세요.
M：時計の雑誌ですか。車の雑誌ですか。	M：시계의 잡지입니까? 차의 잡지입니까?
F：時計の雑誌です。	F：시계 잡지입니다.
M：いちばん新しい、8月のですか。	M：가장 새로운, 8월 것입니까?
F：いいえ、7月のをお願いします。	F：아니요. 7월 것을 부탁합니다.
M：はい。	M：네.
男の人はどの雑誌を女の人に渡しますか。	남자는 어느 잡지를 여자에게 건넵니까?

어휘 会社(회사) | どの(어느) | 雑誌(잡지) | 渡す(건네다) | 後ろ(뒤) | 取る(쥐다, 들다, 가져오다) | ~てください(~해 주다) | 時計(시계) | 車(차) | いちばん(제일) | 新しい(새롭다) | 8月(8월) | いいえ(아니요) | 7月(7월) | お願いする(부탁하다, 願う의 겸양어)

해설 날짜나 요일 읽는 법에 관한 단어는 반드시 암기해 두자. 특히,「7月(7월)」,「3月(3월)」,「9月(9월)」등 탁음 등이 들어가거나 읽는 법에 특징이 있는 단어들 위주로 정리해 두면 좋다. 남성이 여성에게 잡지를 건네 줄 것을 부탁하고 있는데, 표지에 차가 그려져 있는 잡지와 시계가 있는 잡지 중, "시계" 그림이 있는 잡지라고 하였으므로 3번과 4번은 소거할 수 있다. 또한, 가장 새로운 8월 잡지와 7월 잡지 중 "7월 잡지"를 달라고 했으므로 정답은 1번이 된다.

3번 정답 4

学校で先生が話しています。学生は、次、何日に学校に来ますか。	학교에서 선생님이 이야기하고 있습니다. 학생은 다음, 며칠에 학교에 옵니까?

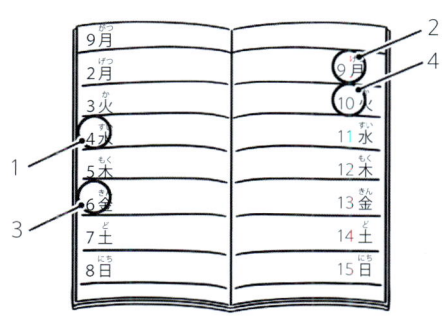

F：皆さん、明日から休みですね。休みは四日から九日まで六日間です。十日はテストをします。休まないでください。では、六日間ゆっくり休んで、また学校に来てください。	F：여러분, 내일부터 휴일이죠. 휴일은 4일부터 9일까지 6일간입니다. 10일은 시험을 보겠습니다. 쉬지 말아 주세요. 그러면, 6일간 천천히 쉬고, 또 학교에 와 주세요.
学生は、次、何日に学校に来ますか。	학생은 다음, 며칠에 학교에 옵니까?

어휘 学校(학교) | 次(다음) | 来る(오다) | 皆さん(여러분) | 明日(내일) | ~から(~에서, 부터) | 休み(휴가, 휴일, 방학) | ~間(~간) | テスト(시험) | 休む(쉬다) | ~ないでください(~말아 주세요) | ゆっくり(천천히) | また(또)

해설 날짜를 세는 법이나 달력에서 날짜를 찾는 문제는 반드시 출제되는 유형의 문제이니 관련 어휘를 정리하여 암기해 두면 좋다. 선생님은 학생에게 「休みは四日から九日まで六日間です(휴일은 4일부터 9일까지 6일간입니다)。」라고 하였다. 즉, 다음에 학교에 오는 것은 10일이 된다. 따라서 정답은 4번이 된다.

4번 정답 2

| うちで女の学生と男の学生が話しています。男の学生は冷蔵庫から何を出しますか。 | 집에서 여자 학생과 남자 학생이 이야기하고 있습니다. 남자 학생은 냉장고에서 무엇을 꺼냅니까? |

1　　　　　2　　　　　3　　　　　4

| F：あ、１２時ですね。お昼ご飯を食べましょう。私が作りますよ。
M：何かしましょうか。
F：ありがとう。じゃ、冷蔵庫から卵を２個と牛乳を出してください。
M：はい。
F：それから魚も出してください。あ、すみません、卵は３個お願いします。
M：はい。
男の学生は冷蔵庫から何を出しますか。 | F：어, 12시네요. 점심 먹어요~. 내가 만들겠습니다.
M：무언가 할까요?
F：고마워요. 그럼, 냉장고에서 달걀을 2개와 우유를 꺼내 주세요.
M：네.
F：그리고 나서 생선도 꺼내 주세요. 아 죄송합니다. 달걀은 3개 부탁합니다.
M：네.
남자 학생은 냉장고에서 무엇을 꺼냅니까? |

어휘 冷蔵庫(냉장고) | 出す(내다, 꺼내다) | 時(시) | 昼ご飯(점심 밥) | 私(나) | 作る(만들다) | 何か(무언가) | ～ましょうか(~할까요?, 권유) | 卵(달걀) | 個(~개) | 牛乳(우유) | 魚(생선) | それから(그리고 나서)

해설 물건 세는 법에 관한 표현을 묻는 문제도 빈출 유형의 문제이다. 남성이 여성에게 무언가 돕겠다고 하자, 여성은 "냉장고에서 달걀 2개와 우유"를 꺼내 달라고 부탁하고 있다. 「それから(그리고 나서)」는 앞 내용에 무언가를 덧붙여서 말할 때 사용하는 표현인데, 여성은 그 후에 "생선"을 추가로 꺼내 달라고 말하고, "달걀은 3개"로 수정하고 있다. 따라서 달걀3개, 우유, 생선을 꺼내야 하므로 정답은 2번이 된다.

5번 정답 1

| 日本語学校で女の人と男の人が話しています。女の人は何曜日のクラスで勉強しますか。 | 일본어 학교에서 여자와 남자가 이야기하고 있습니다. 여자는 무슨 요일 반에서 공부합니까? |

| F：すみません。１週間に１回、日本語で話す練習をしたいです。夜のクラスはありますか。
M：はい、夜のクラスは毎週月曜日、火曜日、木曜日、金曜日です。夜6時からです。 | F：죄송합니다. 1주일에 1회, 일본어로 이야기하는 연습을 하고 싶습니다. 저녁 클래스는 없습니까?
M：네, 저녁 클래스는 매주 월요일, 화요일, 목요일, 금요일입니다. 저녁 6시부터예요. |

F：うーん、火曜日と金曜日は仕事が6時に終わりません。	F：으~음, 화요일과 금요일은 일이 6시에 끝나지 않습니다.
M：そうですか。では、月曜日がいいですよ。木曜日のクラスは話す時間が短いです。	M：그렇습니까? 그러면 월요일이 좋겠네요. 목요일 클래스는 이야기하는 시간이 짧아요.
F：分かりました。じゃ、来週から勉強したいです。どうぞよろしくお願いします。	F：알겠습니다. 그럼 다음 주부터 공부하고 싶습니다-. 잘 부탁드립니다.
女の人は何曜日のクラスで勉強しますか。	여자는 무슨 요일 반에서 공부합니까?
1. げつようび	1. 월요일
2. かようび	2. 화요일
3. もくようび	3. 목요일
4. きんようび	4. 금요일

어휘 曜日(요일) | 勉強(공부) | 週間(~주일, ~주) | 回(~회) | 練習(연습) | ~たい(~하고 싶다) | 夜(저녁, 밤) | 毎週(매주) | 月曜日(월요일) | 火曜日(화요일) | 木曜日(목요일) | 金曜日(금요일) | 仕事(일) | 時間(시간) | 短い(짧다) | 来週(다음 주)

해설 요일에 관련된 표현을 이해하고 있는지를 묻고 있는 문제이다. JLPT N5 과제 이해 파트에서는 제시된 조건에 해당하지 않는 선택지를 먼저 소거해 가는 것이 중요하다. 여성은 일본어 회화 저녁반 수업을 듣고 싶다고 하였는데, 저녁반 수업이 있는 것은 월요일, 화요일, 목요일, 금요일이라고 하였다. 이 중에서 화요일과 금요일은 6시에 끝나지 않는다고 하였으므로 우선 2번과 4번을 소거할 수 있다. 또한, 남성이 「木曜日のクラスは話す時間が短いです(목요일 클래스는 이야기하는 시간이 짧습니다)」라며, 월요일 클래스를 추천하자, "알겠다"고 하였으므로 정답은 1번 "월요일"이 된다.

6번 정답 4

日本語学校で先生が学生に話しています。学生は明日の午前どの教室に行きますか。午前です。	일본어 학교에서 선생님이 학생에게 이야기하고 있습니다. 학생은 내일 오후 어느 교실에 갑니까?
M：明日の午前は、クラスに日本人の学生が来ますから、広い教室で授業をします。2階の4番の教室に来てください。午後は1階の3番の教室で授業をします。	M：내일 오전은 반에 일본인 학생이 오기 때문에, 넓은 교실에서 수업을 합니다. 2층 4번 교실에 와 주세요. 오후는 1층 3번 교실에서 수업을 합니다.
学生は明日の午前どの教室に行きますか。	학생은 내일 오전 어느 교실에 갑니까?
1. 1かいの 3ばん	1. 1층 3번
2. 1かいの 4ばん	2. 1층 4번
3. 2かいの 3ばん	3. 2층 3번
4. 2かいの 4ばん	4. 2층 4번

어휘 午後(오후) | 教室(교실) | 行く(가다) | 階(~층) | 午前(오전) | 広い(넓다) | 授業(수업) | どの(어느)

해설 오전과 오후에 각각 어느 교실에서 수업을 하는지를 구분하여 이해할 수 있는지가 포인트이다. 선생님은 학생에게 "내일 오전에는 일본인 학생이 오기 때문에 넓은 교실에서 수업"을 한다고 설명하며, 「2階の4番(2층 4번)」 교실이라고 하였다. 따라서 정답은 4번이 된다.

정답 및 허설 **105**

7번 정답 3

女の人と男の人が話しています。女の人は何を持っていきますか。

여자와 남자가 이야기하고 있습니다. 여자는 무엇을 가지고 갑니까?

1 2 3 4

F : 佐藤さん、日曜日、佐藤さんのうちでパーティーをしますね。何か持っていきましょうか。飲み物はどうですか。

M : ありがとうございます。飲み物はたくさんありますから、食べ物がいいです。じゃ、おにぎりを持ってきてください。私はスパゲティを作ります。

F : 分かりました。

M : それから、カメラはありますか。

F : はい。

M : パーティーのとき、使いたいですから、貸してください。

F : はい、いいですよ。

女の人は何を持っていきますか。

F : 사토 씨, 일요일, 사토 씨 집에서 파티를 하죠? 무언가 가지고 갈까요? 마실 것은 어떻습니까?

M : 고맙습니다. 음료는 많이 있으니까, 먹을 것이 좋습니다. 그럼, 삼각 김밥을 가지고 와 주세요. 저는 스파게티를 만들겠습니다.

F : 알겠습니다.

M : 그리고, 카메라는 있습니까?

F : 네.

M : 파티 할 때, 사용하고 싶으니까, 빌려주세요.

F : 네, 좋아요.

여자는 무엇을 가지고 갑니까?

어휘 持つ(갖다, 들다) | 日曜日(일요일) | パーティー(파티) | 飲み物(음료, 마실 것) | たくさん(많은) | 食べ物(먹을 것, 음식) | いい(좋다, 괜찮다) | じゃ(그럼) | おにぎり(삼각 김밥) | スパゲティ(스파게티) | 作る(만들다) | カメラ(카메라) | 貸す(빌려 주다)

해설 부탁할 때 사용하는 표현들을 이해하고 있는지를 묻는 문제이다. 여성이 남성에게 파티에 가지고 갈 것에 대해서 질문하고 있는데, 여성이 '음료'를 가져갈 것을 제안하자, 남자는 「飲み物はたくさんありますから(음료는 많이 있으니까)」라며, "먹을 것" 중에서도 "삼각 김밥"을 가지고 와 달라고 부탁하고 있다. 그리고, 파티에 사용하고 싶다며 "카메라"를 빌려달라고 부탁하고 있다. 따라서, 여성은 삼각 김밥과 카메라를 가져가야 하고, 정답은 3번이 된다.

もんだい2 **문제2**	もんだい2では、はじめに しつもんを きいて ください。 それから、はなしを きいて、もんだいようしの 1から4の なかから、いちばん いい ものを ひとつ えらんで ください。
	문제 2에서는, 처음에 질문을 들어주세요. 그리고 나서, 이야기를 듣고, 문제 용지의 1에서 4 중에서, 제일 좋은 것을 하나 골라 주세요.

예 정답 3

男の人と女の人が話しています。男の人は昨日どこへ行きましたか。男の人です。	남자와 여자가 이야기하고 있습니다. 남자는 어제 어디에 갔습니까? 남자입니다.
1. としょかん	1. 도서관
2. えき	2. 역
3. デパート	3. 백화점
4. レストラン	4. 레스토랑
M:山田さん、昨日どこかへ行きましたか。	M : 야마다 씨, 어제 어디에 갔습니까?
F:図書館へ行きました。	F : 도서관에 갔습니다.
M:駅のそばの図書館ですか。	M : 역 근처 도서관입니까?
F:はい。	F : 네.
M:僕は山川デパートへ行って、買い物をしました。	M : 나는 야마카와 백화점에 가서, 쇼핑을 했습니다.
F:え、私も昨日の夜、山川デパートのレストランへ行きましたよ。	F : 어머, 나도 어제 밤, 야마카와 백화점 레스토랑에 갔어요.
M:そうですか。	M : 그렇습니까?
男の人は昨日どこへ行きましたか。	남자는 어제 어디에 갔습니까?

어휘 昨日(어제) | どこ(어디) | 図書館(도서관) | 駅(역) | デパート(백화점) | レストラン(레스토랑) | そば(옆, 곁) | 僕(나) | 買い物(쇼핑)

해설 JLPT N5 포인트 이해 파트에서는 "어디에 가는가?" '무엇으로 만들었는가" "몇 시간 걸리는가" 등의 중요한 특징 키워드를 찾는 문제가 많이 출제된다. N1~N3 파트에서는 이유나 목적을 묻는 문제 유형이 많이 출제되는데, N5 레벨에서는 결론에 관련된 중요 키워드를 찾아낼 수 있는지를 묻는 문제가 많이 출제되는 것이 특징이다.

"남성"이 어제 어디에 갔는지를 묻고 있는데, 여성과 남성이 각각 어제 어디에 갔는지를 구분하여 들을 수 있는지가 정답을 찾는 포인트이다. 남성은 어제「山川デパートへ行って、買い物をしました 야마카와 백화점에 가서 쇼핑을 했습니다」라고 하였으므로, 정답은 3번이 된다.

정답 및 해설(청해)

1번 정답 4

うちで女の人と男の人が話しています。女の人は何のジュースを作りましたか。	집에서 여자와 남자가 이야기하고 있습니다. 여자는 무슨 주스를 만들었습니까?

1　　　　2　　　　　3　　　　　4

F : くだもののジュースを作りました。どうぞ飲んでください。 M : いただきます。これは何のジュースですか。 F : りんごと、それから、みかんとバナナを少し入れました。	F : 과일 주스를 만들었습니다. 꼭 마셔 주세요. M : 잘 먹겠습니다. 이것은 무슨 주스입니까? F : 사과와 그리고, 귤과 바나나를 조금 넣었습니다.
女の人は何のジュースを作りましたか。	여자는 무슨 주스를 만들었습니까?

어휘 うち(집) | ジュース(주스) | くだもの(과일) | どうぞ(아무쪼록, 부디, 제발) | 飲む(마시다) | いただきます(잘 먹겠습니다) | りんご(사과) | それから(그리고 나서) | みかん(귤) | バナナ(바나나) | 少し(조금) | 入れる(넣다)

해설 남자가 무슨 주스인지 질문하자 여성은 "사과와 귤, 바나나"를 조금 넣었다고 대답하였다. 따라서 정답은 4번이 된다.

2번 정답 1

女の学生と男の学生が話しています。男の学生はお兄さんが何人いますか。	여자 학생과 남자 학생이 이야기하고 있습니다. 남자 학생은 형이 몇 명 있습니까?
1. ひとり 2. ふたり 3. さんにん 4. よにん	1. 한 명 2. 두 명 3. 세 명 4. 네 명
F : 中山さん、中山さんの家族は何人ですか。 M : 4人です。両親と、兄が一人と僕です。 F : お兄さんは学生ですか。 M : いえ、会社員です。結婚して、子供が二人いますよ。	F : 나카야마 씨, 나카야마 씨의 가족은 몇 명입니까? M : 네 명입니다. 부모님과 형이 한 명, 저입니다. F : 형은 학생입니까? M : 아니요, 회사원입니다. 결혼해서 아이가 두 명 있습니다.
男の学生はお兄さんが何人いますか。	남자 학생은 형이 몇 명 있습니까?

108　JLPT 공식 문제집 N5 ver2.0

어휘 お兄さん(형, 오빠) | 何人(몇 명) | 家族(가족) | 両親(부모님, 양친) | 兄(형, 오빠) | 会社員(회사원) | 結婚(결혼) | 子供(아이, 자녀)

해설 가족 구성원의 수나 인원수를 확인하는 문제도 빈출 유형이므로, 사람을 셀 때 사용하는 단위나 가족을 나타내는 표현 등을 정리해 두면 좋다. 여학생이 남자 학생에게 형이 몇 명인지 묻자, 남학생은 "부모님과 형, 나"의 4명 가족이라고 했다. 따라서 정답은 1번이 된다.

3번 정답 3

会社で女の人と男の人が話しています。男の人は何で会社に来ていますか。	회사에서 여자와 남자가 이야기하고 있습니다. 남자는 무엇으로 회사에 오고 있습니까?

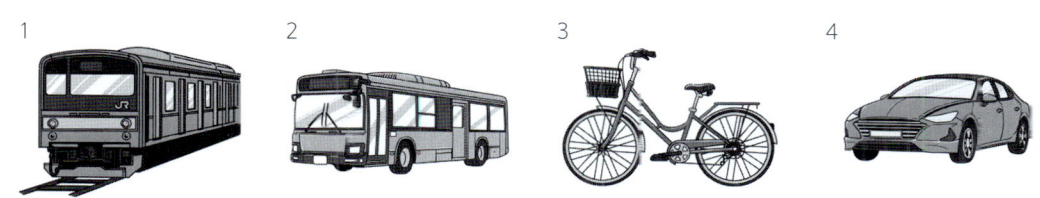

| F:加藤さん、加藤さんのうちはどちらですか。
M:みなみ町です。
F:私もみなみ町ですよ。でも、駅や電車で全然加藤さんに会いませんね。電車じゃなくてバスで会社に来ていますか。
M:いえ、僕は自転車です。前は車で来ていましたが、車はいろいろお金がかかりますから、今は乗っていません。
F:そうですか。
M:時間は50分ぐらいかかりますが、楽しいですよ。
男の人は何で会社に来ていますか。 | F:가토 씨, 가토 씨의 집은 어느 쪽입니까?
M:미나미 마을입니다.
F:저도 미나미 마을이에요. 하지만, 역이나 전차에서 전혀 가토 씨를 만나지 못하네요. 전차가 아니라 버스로 회사에 오고 있습니까?
M:아니요, 저는 자전거입니다. 전에는 차로 오고 있었는데, 차는 여러가지 돈이 들기 때문에, 지금은 타고 있지 않습니다.
F:그렇습니까?
M:시간은 50분 정도 걸리는데, 즐거워요.
남자는 무엇으로 회사에 오고 있습니까? |

어휘 会社(회사) | どちら(어느 쪽) | 町(마을) | 電車(전차, 전철) | 全然(전혀) | 会う(만나다) | バス(버스) | 自転車(자전거) | 車(차) | いろいろ(여러가지) | お金がかかる(돈이 들다) | 乗る(타다) | 楽しい(즐겁다)

해설 남자가 예전에 회사에 올 때 사용한 수단과 현재 회사에 올 때 이용하는 수단을 구분하여 이해할 수 있는지가 포인트이다. 남자는 지금은 "자전거"로 오고 있으며, 예전에는 자동차를 이용했지만, 돈이 들어서 현재는 타지 않는다고 했으므로 정답은 3번이 된다.

4번 정답 **1**

電話で女の学生と男の学生が話しています。二人は今日一緒に何をしますか。	전화로 여자 학생과 남자 학생이 이야기하고 있습니다. 두 명은 오늘 함께 무엇을 합니까?

1  2  3  4

F：もしもし、吉田さん。	F：여보세요, 요시다 씨.
M：あ、おはようございます。	M：아~, 안녕하세요.
F：今日うちで映画を見ませんか。面白いDVDを借りましたよ。	F：오늘 집에서 영화를 보지 않겠습니까? 재미있는 DVD를 빌렸어요.
M：ああ。今日は今から友達とバスケットボールをして、それから、みんなと一緒にラーメンを食べに行きます。でも午後は大丈夫です。	M：음…오늘은 지금부터 친구와 농구를 하고, 그리고 나서 모두와 함께 라면을 먹으러 갑니다. 하지만, 오후는 괜찮습니다.
F：じゃ、午後来てください。	F：그럼, 오후에 와 주세요.
M：はい。じゃ、行く前に電話します。何かおいしいお菓子を買って、持っていきます。	M：네, 그럼 가기 전에 전화하겠습니다. 뭔가 맛있는 과자를 사서 가지고 가겠습니다.
F：ありがとうございます。お菓子も待っています。	F：감사합니다. 과자도 기다리고 있겠습니다.
二人は今日一緒に何をしますか。	두 명은 오늘 함께 무엇을 합니까?

어휘 一緒(함께) | もしもし(여보세요) | 映画(영화) | 面白い(재미있다) | 借りる(빌리다) | 友達(친구) | バスケットボール(농구) | ラーメン(라면) | 동사 ます형+に行く(~하러 가다) | 午後(오후) | 大丈夫(괜찮다) | 동사 기본형+前に(~하기 전에) | おいしい(맛있다) | お菓子(과자) | 買う(사다) | 持つ(갖다, 들다) | 待つ(기다리다)

해설 여학생이 남학생에게 「今日うちで映画を見ませんか(오늘 집에서 영화를 보지 않을래요?)」라고 함께 영화를 볼 것을 제안하고 있는데, 남성은 오전에는 친구들과 농구를 하고, 라면을 먹으러 갈 예정인데, 오후에는 시간이 괜찮다고 대답하고 있다. 이에 여자 학생이 "오후에 와 주세요"라고 답변하고 있으므로, 남학생과 여학생은 오후에, 여학생 집에서 영화를 보게 된다. 따라서 정답은 1번이 된다.

5번 정답 2

大学で日本人の学生と男の留学生が話しています。日本から男の留学生の国まで、飛行機で何時間かかりますか。	대학교에서 일본인 학생과 남자 유학생이 이야기하고 있습니다. 일본에서 남자 유학생 나라까지 비행기로 몇 시간 걸립니까?
1. 1じかんはん 2. 3じかんはん 3. 5じかん 4. 6じかん	1. 1시간 반 2. 3시간 반 3. 5시간 4. 6시간
F：ジョージさん、冬休みに国へ帰りますか。 M：はい。 F：日本からジョージさんの国まで、飛行機でどのぐらいですか。5時間か6時間ぐらいですか。 M：もっと早いですよ。3時間半です。 F：ああ、近いですね。私も冬休みに両親に会いに帰りますが、ここからうちまで電車で5時間ぐらいかかりますよ。 M：5時間ですか。じゃ、私の国のほうが近いですね。1時間半早いです。	F：죠지 씨, 겨울 방학에 고향에 돌아갑니까? M：네. F：일본에서 죠지 씨 나라까지, 비행기로 어느 정도 걸립니까? 5시간이나 6시간 정도입니까? M：더 빨라요. 3시간 반입니다. F：어~, 가깝네요? 저도 겨울 방학에 부모님을 만나러 돌아갑니다만, 여기에서 집까지 전차로 5시간 정도 걸려요. M：5시간입니까? 그럼, 제 고향의 편이 더 가깝네요. 1시간 반 빠릅니다.
日本から男の留学生の国まで、飛行機で何時間かかりますか。	일본에서 남자 유학생 나라까지 비행기로 몇 시간 걸립니까?

어휘 留学生(유학생) | 国(나라, 고향, 모국, 고국) | 飛行機(비행기) | 何時間(몇 시간) | 冬休み(겨울 방학) | 帰る(집에 돌아가다) | ぐらい(정도) | もっと(더, 더욱) | 早い(시간 등이 이르다, 빠르다) | 半(~반) | 近い(가깝다) | 両親(부모님, 양친) | ここ(여기) | ~のほうが(~의 편이) | 近い(가깝다)

해설 일본인 학생이 유학생에게 일본에서 유학생 나라까지 비행기로 몇 시간 걸리는지 질문하자, 유학생은 비행기로 3시간 반 걸린다고 답변하고 있다. 그 후에, 일본인 학생이 집까지 전차로 5시간 정도 걸린다고 하자, 유학생이, 본인이 1시간 반 빠르다고 확인하고 있으므로 정답은 2번 3시간 반이 된다.

6번 정답 2

電話で女の学生が話しています。今晩、何の店にご飯を食べに行きますか。	전화로 여자 학생이 이야기하고 있습니다. 오늘 밤 어떤 가게에 밥을 먹으러 갑니까?
1. カレー 2. ピザ 3. すし 4. そば	1. 카레 2. 피자 3. 초밥 4. 메밀
F：もしもし、森さん？ 大田です。今晩クラスのみんなとご飯を食べに行きますね。今朝学校では、駅の前のカレー屋に来てくださいと言いましたが、今日は店が休みです。だから、ピザ屋に行きます。先週一緒に行ったすし屋の前のビルです。1階にそば屋があるビルで、ビルの3階です。	F : 여보세요? 모리 씨? 오오타입니다. 오늘 밤 반 모두와 밥을 먹으러 가죠? 오늘 아침 학교에서는 역 앞 카레집에 와 주세요라고 말했습니다만, 오늘은 가게가 쉬는 날입니다. 그래서 피자 가게에 갑니다. 지난 주 함께 간 초밥 집 가게 빌딩입니다. 1층에 메밀 국수 가게가 있는 빌딩으로 빌딩 3층입니다.
今晩、何の店にご飯を食べに行きますか。	오늘 밤 어떤 가게에 밥을 먹으러 갑니까?

어휘 今晩(오늘 밤) | 何の(무슨, 어떤) | 店(가게) | ご飯(밥) | 今朝(오늘 아침) | カレー(카레) | 屋(~가게) | だから(그래서, 그러니까) | ピザ(피자) | 先週(지난 주) | すし屋(초밥 가게) | ビル(빌딩) | そば屋(메밀 국수 가게) | 階(~층)

해설 원래 가기로 했던 가게와, 바뀐 가게를 파악할 수 있는지가 포인트이다. 여자 학생은 전화에서 "카레집에 와 달라고 말했지만" 가게가 쉬는 날이니 "피자 가게에 가"자고 했으므로 정답은 2번 피자이다. 피자 가게가 있는 빌딩 1층에 초밥 가게가 있고 3층에 메밀 국수 가게가 있다고 하였는데, 빌딩을 설명하는 부분과 오늘 모이기로 한 가게를 구분하여 듣는 것이 중요하다.

もんだい3 / 문제3	もんだい3では、えを みながら しつもんを きいて ください。➡ (やじるし)の ひとは なんと いいますか。 1から 3の なかから、いちばん いい ものを ひとつ えらんで ください。
	문제3에서는 그림을 보면서 질문을 들으세요. ➡ (화살표)의 사람은 뭐라고 말합니까? 1에서 3 중에서 가장 알맞을 것을 하나 고르세요.

예 정답 3

レストランでお店の人を呼びます。何と言いますか。	레스토랑에서 가게 사람을 부릅니다. 뭐라고 합니까?

F : 1. いらっしゃいませ。
   2. 失礼しました。
   3. すみません。
	F : 1. 어서 오세요.
	   2. 실례합니다.
	   3. 죄송합니다(저기요).

어휘 レストラン(레스토랑) ǀ 呼ぶ(부르다) ǀ 失礼(실례) ǀ すみません(죄송합니다)

해설 문제3 발화 표현 파트에서는 일상 회화에서 필요한 기본적인 표현들을 이해하고 있는지를 묻는 문제가 출제된다. 일본어 특유의 표현이나 기초 회화에서 중요한 표현들이 자주 출제되므로, 기출 표현을 중심으로 정리해 두면 좋다. 사람을 부를 때에 관한 표현을 묻는 문제인데, 일본에서는 레스토랑 등에서 점원을 부를 때 「すみません(저기요)」를 사용한다. 따라서 정답은 3번이 된다.

1번 정답 3

山を歩いています。友達と一緒に休みたいです。何と言いますか。	산을 걷고 있습니다. 친구와 함께 쉬고 싶습니다. 뭐라고 합니까?

M : 1. あまり休みません。
   2. 今、休んでいますか。
   3. 少し休みましょう。
	M : 1. 별로 쉬지 않습니다.
	   2. 지금 쉬고 있습니까?
	   3. 조금 쉽시다.

어휘 山(산) ǀ 歩く(걷다) ǀ あまり(별로, 그다지) ǀ 少し(조금) ǀ 休む(쉬다)

해설 「동사 ます형 + ましょう(~합시다)」는 상대에게 정중하게 어떤 동작이나 행동을 함께 하자고 권유할 때 사용하는 표현이다. 친구에게 쉬자고 말해야 하므로, 올바른 표현은 3번이 된다.

2번 정답 3

友達にチョコレートをあげます。何と言いますか。	친구에게 초콜릿을 줍니다. 뭐라고 말합니까?
M：1. どんなチョコレートですか。 　　2. チョコレート、あげませんか。 　　3. チョコレート、いかがですか。	M：1. 어떤 초콜릿입니까? 　　2. 초콜릿, 주지 않습니까? 　　3. 초콜릿, 어떠십니까?

어휘 チョコレート(초콜릿) | あげる(주다) | どんな(어떤) | いかが(어떻게, 어떠한)

해설 「いかがですか(어떠십니까?)」는 상대에게 정중하게 어떤 것을 제안하거나 권유할 때 사용하는 표현이다. 일본어에서는 상대에게 물건을 주거나 건넬 때, "~은 어떠십니까?"라고 권유하는 표현을 사용한다. 따라서 정답은 3번이 된다. 1번은 "어떤 초콜릿"인지 되물을 때 사용하는 표현이므로 사용할 수 없다.

3번 정답 1

エレベーターに乗りたいです。何と言いますか。	엘리베이터를 타고 싶습니다. 뭐라고 합니까?
F：1. あ、乗ります。 　　2. さあ、乗りましょう。 　　3. すぐ乗ってください。	F：1. 엇, 타겠습니다. 　　2. 그럼, 탑시다. 　　3. 바로 타 주세요

어휘 エレベーター(엘리베이트) | 乗る(타다) | さあ(자, 그럼) | すぐ(바로, 곧)

해설 엘리베이터를 타고 싶다고 표현해야 하는데, 일본어의 동사 기본형이나 현재형 표현은 "~하겠다"는 화자의 의지를 나타내는 경우가 있다. 「乗ります」는 "탑니다"라는 의미도 있지만, "타겠습니다"라는 화자의 의지를 나타낼 수도 있다. 따라서 정답은 1번이 된다. 2번은 상대에게 함께 타자고 제안하는 표현이며, 3번은 상대에게 타라고 가볍게 명령하는 표현이므로 사용할 수 없다.

4번 정답 2

前に自転車があります。友達は見ていません。何と言いますか。	앞에 자전거가 있습니다. 친구는 보고 있지 않습니다. 뭐라고 합니까?
M：1. 見ませんよ。 　　2. 危ないですよ。 　　3. 痛いですよ。	M：1. 보지 않아요. 　　2. 위험해요. 　　3. 아파요.

어휘 自転車(친구) | 危ない(가방) | 痛い(닫다)

해설 앞에 자전거가 있는데 친구는 그것을 보지 않고 있는 상황이므로, 친구에게 위험하다고 조언해야 하므로, 정답은 2번이 된다.

5번 정답 2

レストランでコーヒーが来ません。長い時間待っています。店の人に何と言いますか。	레스토랑에서 커피가 오지 않습니다. 긴 시간 기다리고 있습니다. 가게 사람에게 뭐라고 합니까?
F：1. コーヒーを持ってきますよ。 　　2. コーヒーはまだですか。 　　3. コーヒーを飲みませんか。	F：1. 커피를 갖고 올께요. 　　2. 커피는 아직입니까? 　　3. 커피를 마시지 않을래요?

어휘 コーヒー(커피) | 長い(길다, 오래되다) | まだ(아직) | ~ませんか(~하지 않을래요?)

해설 커피를 주문하였는데, 오래 기다렸음에도 불구하고 메뉴가 아직 오지 않았으므로, 가게 사람에게 "아직 오지 않았다"고 전달해야 한다. 따라서 정답은 2번이 된다.

もんだい4	もんだい4では、えなどが　ありません。ぶんを　きいて　1から3の　なかから、いちばん　いい　ものを　ひとつ　えらんで　ください。
문제4	문제4에서는 그림 등이 없습니다. 우선 문장을 듣고 1에서 3 중에서 가장 알맞은 것을 하나 고르세요.

예　정답 2

F : お国はどちらですか。	F : 나라는 어디입니까?
M : 1. あちらです。 　　2. アメリカです。 　　3. 部屋です。	M : 1. 이쪽입니다. 　　2. 미국입니다. 　　3. 방입니다.

어휘 お国(상대방 나라의 경칭, 고향, 고국) | どちら(어느 쪽, 어디) | あちら(이쪽) | アメリカ(미국) | 部屋(방)

해설 JLPT N5 즉시 응답 파트에서는 시간이나 위치, 방향 등에 관련된 기본 어휘나, 시제에 관련된 표현, 수수표현 등을 이해하고 있는지 묻는 문제가 자주 출제된다. 청해 파트에 한정되지 않고, 문법 파트에서도 자주 출제되는 표현들이니, 기출 표현들을 중심으로 잘 정리해 두면 좋다. 출신국이 어디인지를 묻고 있으므로, 나라 이름을 대답해야 한다. 따라서 정답은 2번이 된다.

1번　정답 1

F : リーさん、リーさんはいつ日本に来ましたか。	F : 리 씨, 리 씨는 언제 일본에 왔습니까?
M : 1. 去年です。 　　2. 5時間です。 　　3. 3か月です。	M : 1. 작년입니다. 　　2. 5시간입니다. 　　3. 3개월입니다.

어휘 いつ(언제) | 去年(작년) | ~か月(~개월)

해설 "언제" 일본에 왔는지를 묻고 있으므로, 일본에 온 시기를 대답해야 한다. 따라서 정답은 1번이 된다. 2번과 3번은 "몇 시간 걸리는가"에 대한 답변이다.

2번　정답 3

M : 昼ご飯はもう食べましたか。	M : 점심은 이미 먹었습니까?
F : 1. そうしましょう。 　　2. 食堂ですよ。 　　3. いえ、今からです。	F : 1. 그렇게 하죠. 　　2. 식당이에요. 　　3. 아니요, 지금부터입니다.

어휘 昼ご飯(점심밥) | もう(이미, 벌써) | 食堂(식당)

해설 "벌써 점심밥을 먹었는가"를 묻고 있으므로, "이미 먹었다." 또는 "아직 먹지 않았다"고 답변해야 한다. 따라서 정답은 3번이 된다.

3번 정답 3

M：おいしいクッキーですね。どこで買いましたか。	M：맛있는 쿠키네요. 어디에서 샀습니까?
F：1. デパートで買いましょう。 　2. はい、そうです。 　3. わたしが作りました。	F：1. 백화점에서 삽시다. 　2. 네, 그렇습니다. 　3. 내가 만들었습니다.

어휘 おいしい(맛있다) | クッキー(쿠키) | ~ましょう(~합시다, ~하자) | そうだ(그렇다)

해설 쿠키를 산 장소를 묻고 있으므로, 산 장소를 답변해야 한다. 1번은 「デパートで買いましょう(백화점에서 삽시다)」라고, 함께 사자고 제안하는 표현이므로 사용할 수 없으며, "내가 만들었다"고 대답하는 3번이 정답이 된다.

4번 정답 2

F：あした京都に行きますね。何時の飛行機に乗りますか。	F：내일 교토에 가죠? 몇 시 비행기를 탑니까?
M：1. はい、飛行機で行きますよ。 　2. 4時半の飛行機です。 　3. 1時間ぐらい乗ります。	M：1. 네, 비행기로 가요. 　2. 4시 반의 비행입니다. 　3. 1시간 정도 탑니다.

어휘 京都(교토, 지명) | 飛行機(비행기)

해설 몇 시 비행기를 타는지를 묻고 있으므로, 비행기 시간을 답변해야 한다. 따라서 정답은 2번이 된다. 3번은 "비행기를 몇 시간 타는가?" 등의 질문일 때 사용할 수 있다.

5번 정답 1

F：すみません。田中さんの電話番号を知っていますか。	F：죄송합니다. 다나카 씨 전화 번호를 알고 있습니까?
M：1. はい、分かりますよ。 　2. え、知りませんでした。 　3. 電話をしていません。	M：1. 네, 알아요. 　2. 어? 몰랐어요. 　3. 전화를 하고 있지 않아요.

어휘 電話番号(전화 번호) | 選び方(고르는 법) | 教える(가르치다) | 何でも(뭐든지)

해설 전화 번호를 알고 있냐고 질문하고 있으므로, "알고 있다" 혹은 "모른다"고 답변해야 한다. 일본어에서 「分かる」는 "어떤 정보를 이해하고 있다"는 것을 나타내며, 「分かっている」는 "어떤 정보에 대해서 깊이 파악하여 숙지하고 있다"는 의미를 나타내므로, "알고 있다"는 것을 표현할 때는, 「分かります(압니다)」를 사용한다. 따라서 정답은 1번이 된다.

6번 정답 2

M : 夏休みはどこかへ出掛けましたか。	M : 여름 방학은 어딘가 갔었습니까?
F : 1. 旅行しましょう。 2. どこへも行きませんでした。 3. 外国から来ました。	F : 1. 여행 갑시다. 2. 어디에도 가지 못했습니다. 3. 외국에서 왔습니다.

어휘 夏休み(여름 방학) | 出掛ける(외출하다, 나가다) | どこ(어디) | 外国(외국)

해설 "여름 방학에 어디에 갔는지"를 묻고 있으므로 정답은 2번이 된다. 3번은 "외국에서 왔다"고 자신의 출신지를 대답하는 답변이므로 사용할 수 없다.

日本語能力試驗

JLPT 공식 문제집 Ver2.0 N5

청해 워크북

청해 워크북 MP3 음원은 시원스쿨 홈페이지(japan.siwonschoo.com) > 학습지원센터 > 공부 자료실에서 무료 다운로드 가능합니다.

문제1 음원을 듣고 빈칸을 채워주세요.

1번 🎧 1-1.mp3

男の人と女の人が話しています。男の人は＿＿へ＿＿ますか。

M：すみません、＿＿＿「＿＿＿」はどこですか。

F：＿＿＿「＿＿＿」ですね。＿＿＿に＿＿＿がありますね。

M：はい。

F：あの＿＿＿を＿に＿＿＿＿ください。道の＿＿＿に＿＿があります。＿＿＿「＿＿＿」は＿＿の＿＿＿ですよ。

M：分かりました。ありがとうございます。

男の人は＿＿へ＿＿ますか。

2번 🎧 1-2.mp3

会社で女の人と男の人が話しています。男の人はどの＿＿＿を女の人に＿＿＿＿＿。

F：木村さん、すみません、木村さんの＿＿＿にある＿＿を＿＿＿＿ください。

M：＿＿の＿＿ですか。＿の＿＿ですか。

F：＿＿の＿＿です。

M：＿＿＿＿＿＿、＿＿のですか。

F：いいえ、＿＿のをお願いします。

M：はい。

男の人はどの＿＿＿を女の人に＿＿＿＿＿か。

3번 🎧 1-3.mp3

学校で先生が話しています。学生は、次、＿＿＿に＿＿に来ますか。

F：皆さん、＿＿＿から＿＿ですね。休みは＿＿＿から九日まで＿＿＿です。＿＿は＿＿＿をします。＿＿＿＿＿ください。では、＿＿＿ゆっくり＿＿＿、また＿＿に＿＿ください。

学生は、次、何日に学校に来ますか。

4번 🎧 1-4.mp3

うちで女の学生と男の学生が話しています。男の学生は＿＿＿から＿＿出しますか。

F：あ、１２時ですね。お昼ご飯を食べましょう。私が＿＿＿ますよ。

M：何かしましょうか。

F：ありがとう。じゃ、＿＿＿＿から＿を＿＿と牛乳を＿＿＿＿ください。

M：はい。

F：＿＿＿＿＿も＿＿＿ください。あ、すみません、＿＿は＿＿お願いします。

M：はい。

男の学生は冷蔵庫から何を出しますか。

5번 🎧 1-5.mp3

日本語学校で女の人と男の人が話しています。
女の人は＿＿＿の＿＿＿で＿＿しますか。

F：すみません。＿＿＿に＿＿。日本語で＿＿＿
　　練習をしたいです。＿のクラスはあります
　　か。

M：はい、＿のクラスは＿＿＿＿＿、＿＿＿、
　　＿＿＿、＿＿＿＿です。＿＿＿＿＿らです。

F：うーん、＿＿＿と＿＿＿は仕事が＿＿に＿＿
　　＿＿＿＿＿。

M：そうですか。では、＿＿＿＿がいいですよ。
　　＿＿＿＿のクラスは＿時間が＿＿＿です。

F：分かりました。じゃ、＿＿から勉強したい
　　です。どうぞよろしくお願いします。

女の人は＿＿＿の＿＿＿で＿＿しますか。

6번 🎧 1-6.mp3

日本語学校で先生が学生に話しています。学生
は＿＿の＿＿＿＿＿に行きますか。＿＿です。

M：＿の＿＿は、クラスに＿＿＿の＿＿が来
　　ますから、＿＿＿＿で授業をします。＿＿＿
　　＿＿＿の＿＿に来てください。＿＿は＿＿＿
　　＿＿＿の＿＿で授業をします。

学生は＿＿の＿＿＿＿＿に行きますか。

7번 🎧 1-7.mp3

女の人と男の人が話しています。女の人は＿を
＿＿＿＿＿ますか。

F：佐藤さん、＿＿＿＿、佐藤さんのうちで＿＿
　　＿＿＿をしますね。＿＿か＿＿＿＿いきましょ
　　うか。＿＿＿はどうですか。

M：ありがとうございます。＿＿＿は＿＿＿＿
　　ありますから、＿＿＿が＿＿＿＿。じゃ、
　　＿＿＿＿を＿＿＿きてください。私は＿＿
　　＿＿＿を＿＿＿＿。

F：分かりました。

M：それから、＿＿＿＿はありますか。

F：はい。

M：＿＿＿＿のとき、＿＿＿＿＿ですから、＿＿
　　＿＿ください。

F：はい、いいですよ。

女の人は＿を＿＿＿＿いきますか。

문제2　음원을 듣고 빈칸을 채워주세요.

1번　🎧 2-1.mp3

うちで女の人と男の人が話しています。女の人は＿の＿＿＿を＿＿＿＿。

F：＿＿＿＿＿＿を作りました。どうぞ飲んでください。

M：＿＿＿＿＿。これは＿＿＿＿＿ですか。

F：＿＿と、＿＿＿、＿＿と＿＿を少し＿ました。

女の人は＿＿＿＿＿を＿＿＿＿。

2번　🎧 2-2.mp3

女の学生と男の学生が話しています。男の学生は＿＿＿が＿いますか。

F：中山さん、中山さんの＿＿は＿ですか。

M：＿＿です。＿＿と、＿が＿＿と＿す。

F：＿＿＿は＿ですか。

M：いえ、＿＿＿です。＿＿して、＿が＿＿＿ますよ。

男の学生はお兄さんが何人いますか。

3번　🎧 2-3.mp3

会社で女の人と男の人が話しています。男の人は＿で＿＿に来ていますか。

F：加藤さん、加藤さんの＿＿は＿＿＿＿ですか。

M：みなみ町です。

F：私もみなみ町ですよ。でも、＿や＿で＿加藤さんに＿＿＿＿＿ね。＿＿じゃなくて＿＿で＿に来ていますか。

M：いえ、僕は＿＿＿＿です。＿＿は＿で来ていましたが、＿＿はいろいろ＿＿＿＿＿＿、今は乗っていません。

F：そうですか。

M：＿＿は＿＿＿ぐらい＿＿＿＿＿が、楽しいですよ。

男の人は＿で＿＿に来ていますか。

4번 🎧 2-4.mp3

電話で女の学生と男の学生が話しています。
二人は今日＿＿に＿＿しますか。

F：もしもし、吉田さん。

M：あ、おはようございます。

F：今日＿＿で＿＿を＿＿＿＿＿。面白いDVDを借りましたよ。

M：ああ。今日は＿＿＿＿＿と＿＿＿をして、＿＿＿＿、＿＿＿＿＿に＿＿＿を＿に行きます。でも＿＿は＿＿です。

F：じゃ、＿＿＿＿＿＿ください。

M：はい。じゃ、＿＿＿に＿＿します。何か＿＿＿＿＿お＿を＿＿＿、＿＿＿いきます。

F：ありがとうございます。＿＿＿も＿＿＿います。

二人は今日＿＿＿＿＿をしますか。

5번 🎧 2-5.mp3

大学で日本人の学生と男の留学生が話しています。＿＿から＿＿＿＿＿まで、＿＿＿で＿＿＿かかりますか。

F：ジョージさん、＿＿＿に＿へ＿＿＿＿。

M：はい。

F：＿＿からジョー＿＿＿＿まで、＿＿＿でどのぐらいですか。＿＿＿か＿＿＿ぐらいですか。

M：もっと＿＿ですよ。＿＿＿＿です。

F：ああ、＿＿ですね。私も＿＿＿に＿＿に＿＿に＿＿ますが、＿＿＿＿まで＿＿で＿＿＿＿ぐらいかかりますよ。

M：＿＿＿ですか。じゃ、＿＿＿＿＿が＿＿ですね。＿＿＿＿＿です。

＿＿から＿＿＿＿＿まで、飛行機で＿＿＿＿かかりますか。

6번 🔊 2-6.mp3

電話で女の学生が話しています。今晩、＿＿＿＿に＿＿を＿＿に行きますか。

F：もしもし、森さん？ 大田です。＿＿クラスのみんなと＿＿＿＿＿に行きますね。＿＿＿＿では、＿＿の＿＿＿＿に来てくださいと言いましたが、＿＿は＿が＿＿です。だから、＿＿＿＿に行きます。＿＿＿＿＿に行った＿＿＿の＿＿＿＿です。＿＿に＿＿＿があるビルで、＿＿＿＿＿です。

今晩、何の店にご飯を食べに行きますか。

MEMO

にほんごのうりょくしけん かいとうようし

N5 げんごちしき (もじ・ごい)

ちゅうい Notes

1. くろいえんぴつ(HB、No.2)でかいてください。
   (ペンやボールペンではかかないでください。)
   Use a black medium soft (HB or No.2) pencil.
   (Do not use any kind of pen.)
2. かきなおすときは、けしゴムできれいにけしてください。
   Erase any unintended marks completely.
3. きたなくしたり、おったりしないでください。
   Do not soil or bend this sheet.
4. マークれい Marking examples

よいれい Correct Example	わるいれい Incorrect Examples
●	⊘ ⊙ ○ ◯ ◐

じゅけんばんごう Examinee Registration Number

なまえ Name

もんだい1

1	①	②	③	④
2	①	②	③	④
3	①	②	③	④
4	①	②	③	④
5	①	②	③	④
6	①	②	③	④
7	①	②	③	④
8	①	②	③	④
9	①	②	③	④
10	①	②	③	④
11	①	②	③	④
12	①	②	③	④

もんだい2

13	①	②	③	④
14	①	②	③	④
15	①	②	③	④
16	①	②	③	④
17	①	②	③	④
18	①	②	③	④
19	①	②	③	④
20	①	②	③	④

もんだい3

21	①	②	③	④
22	①	②	③	④
23	①	②	③	④
24	①	②	③	④
25	①	②	③	④
26	①	②	③	④
27	①	②	③	④
28	①	②	③	④
29	①	②	③	④
30	①	②	③	④

もんだい4

31	①	②	③	④
32	①	②	③	④
33	①	②	③	④
34	①	②	③	④
35	①	②	③	④

JLPT 공식 문제집 N5 ver2.0

にほんごのうりょくしけん かいとうようし

N5 げんごちしき (ぶんぽう)・どっかい

JLPT 공식 문제집 N5 ver2.0

じゅけんばんごう
Examinee Registration Number

なまえ
Name

<ちゅうい Notes>
1. くろいえんぴつ(HB、No.2)でかいてください。
   (ペンやボールペンではかかないでください。)
   Use a black medium soft (HB or No.2) pencil.
   (Do not use any kind of pen.)
2. かきなおすときは、けしゴムできれいにけしてください。
   Erase any unintended marks completely.
3. きたなくしたり、おったりしないでください。
   Do not soil or bend this sheet.
4. マークれい Marking examples

よいれい Correct Example	わるいれい Incorrect Examples
●	⊘ ⊙ ○ ◐ ◑ ○

もんだい1

1	①	②	③	④
2	①	②	③	④
3	①	②	③	④
4	①	②	③	④
5	①	②	③	④
6	①	②	③	④
7	①	②	③	④
8	①	②	③	④
9	①	②	③	④
10	①	②	③	④
11	①	②	③	④
12	①	②	③	④
13	①	②	③	④
14	①	②	③	④
15	①	②	③	④
16	①	②	③	④

もんだい2

17	①	②	③	④
18	①	②	③	④
19	①	②	③	④
20	①	②	③	④
21	①	②	③	④

もんだい3

22	①	②	③	④
23	①	②	③	④
24	①	②	③	④
25	①	②	③	④
26	①	②	③	④

もんだい4

27	①	②	③	④
28	①	②	③	④
29	①	②	③	④

もんだい5

30	①	②	③	④
31	①	②	③	④

もんだい6

32	①	②	③	④

にほんごのうりょくしけん かいとうようし
N5 ちょうかい

じゅけんばんごう Examinee Registration Number

なまえ Name

〈ちゅうい Notes〉
1. くろいえんぴつ(HB、No.2)でかいてください。
   (ペンやボールペンではかかないでください。)
   Use a black medium soft (HB or No.2) pencil.
   (Do not use any kind of pen.)
2. かきなおすときは、けしゴムできれいにけしてください。
   Erase any unintended marks completely.
3. きたなくしたり、おったりしないでください。
   Do not soil or bend this sheet.
4. マークれい Marking examples

よいれい Correct Example	わるいれい Incorrect Examples
●	○ ⊘ ⊖ ◐ ○ ⬤

もんだい1

れい	①	②	③	●
1	①	②	③	④
2	①	②	③	④
3	①	②	③	④
4	①	②	③	④
5	①	②	③	④
6	①	②	③	④
7	①	②	③	④

もんだい2

れい	①	●	③	④
1	①	②	③	④
2	①	②	③	④
3	①	②	③	④
4	①	②	③	④
5	①	②	③	④
6	①	②	③	④

もんだい3

れい	①	②	●	④
1	①	②	③	④
2	①	②	③	④
3	①	②	③	④
4	①	②	③	④
5	①	②	③	④

もんだい4

れい	①	●	③
1	①	②	③
2	①	②	③
3	①	②	③
4	①	②	③
5	①	②	③
6	①	②	③
7	①	②	③
8	①	②	③

JLPT 공식문제집 N5 ver2.0